내일도 내 삶은 눈부시다
Half-time for Tomorrow

_____ 님께

아낌없이 베풀어 주신 사랑에 감사드립니다.

_____ 드림

내일도
내 삶은 눈부시다

Half-time for Tomorrow

이병욱 지음

KOREA.COM

추 천 사

내 삶의 오후, 태양은 더욱 찬란하다
...

인생의 목표와 전략을 새롭게 짜는 시간

하나님이 우리에게 주신 명령 중에 "쉬라"는 명령이 있다. 바로 안식일, 안식년, 희년이다. 부지런히 열심히 일한 다음에는 충전을 위해 쉬라고 하신 것이다. 그 쉼에서 자기 돌봄, 묵상, 성찰이 나온다. 더 나아가 이웃을 돌아볼 에너지가 생긴다.

성경 속에는 하프타임을 가진 모델이 많다. 모세는 미디안 광야에서 하프타임을 보낸 후 이스라엘의 지도자가 되었다. 바울은 다마스커스로 가는 길에서 예수의 음성을 듣고 하프타임을 가진 후, 복음을 전하는 사도가 되었다. 인생의 목표와 전략을 새롭게 짜는 시간 하프타임은 재충전의 시간이며 터닝 포인트다.

이 책을 통해 삶의 방향을 점검해 보는 하프타임을 갖고 더욱 가치 있는 삶을 선택하기 바란다.

— 사랑의교회 원로 목사 **옥한흠**

이제라도 원하는 길을 갈 수 있게 응원하는 책

나는 마흔여섯 살에 중학생들과 함께 컴퓨터를 배워서 쉰여섯에 IT 회사를 설립했다. 늦은 나이라고 변명하며 공부하지 않았다면 지금의 조은시스템과 잡코리아는 없었을 것이다. 나이에 상관없이 도전을 즐겼더니 지금 위치까지 오게 되었다. 이제 70대에 접어들기 시작한 지금, 나는 앞으로 20년간의 계획까지 세워 놓았다.

혹시라도 무언가를 시작하기에 너무 늦지 않았나 고민하며 새로운 도전 앞에서 망설이고 있다면, 이 책을 읽기 바란다. 낯선 곳으로 떠나는 첫 발자국을 떼는 데 용기가 필요하다면, 이 책이 그 용기를 줄 것이다. 너무 늦은 시작은 없다. 이제라도 당신이 원하는 길을 갈 수 있도록, 도전을 즐길 수 있고 새로운 성취를 할 수 있도록 격려하고 응원하는 책이다.

― 조은시스템·조은세이프·잡코리아 창업자 **김승남**

소중한 선물 같은 인생의 터닝 포인트

삶의 그루터기가 되는 가정은 이 세상 무엇보다 소중한 것이리라. 우리 부부도 기업과 대학에서 바쁜 생활을 하면서도 가장 소중한 것이 가정이라는 것을 잊지 않으려 노력한다. 인생의 후반전, 더욱더 튼튼하고 견고한 가정을 지어 가기 위해 하프타임은 부부가 함께 가져야 할 꼭 필요한 시간이리라. 그런 점에서 이 책을 부부가 함께 읽었으면 한다.

인생의 하프타임 이후의 4가지 전략 ― 몸, 마음, 영혼, 관계 ― 을 소개하는 본서는 지나온 항해에서의 실패했던 경험을 디딤돌 에너지로 바꾸어 줄 것이며, 새로운 섬을 발견하는 콜럼버스의 경험을 선물할 것이며, 마침내 꿈과 행복의 항구로 이끌어 줄 나침반을 제공할 것이다. 인생 100세 센터내리언 시대가 도래한다는 이 시점에서 지나온 우리네 인생을 되돌아보게 하고 새로운 전환점 turning point 을 선물할 본서를 살아갈 날이 소중한 독자들에게 적극 추천한다.

― 홈플러스 회장 **이승한** & 서울사이버대학교 교수 **엄정희** 부부

인생 2기의 삶을 위한 지침서

다른 일과 마찬가지로 인생 역시 마무리가 참 중요하다. 그러기 위해서는 건강하게 의미 있는 삶을 살아야 할 것이다. 앞만 보고 달리다 보면 건강을 해치게 된다. 그래서인지 암은 한국인의 사망 원인에서 가장 높은 비율을 차지하고 있다. 이병욱 박사는 우리나라 암 분야에서 유명한 분이다. 암 전문 외과의사로서 살아오다 하프타임을 거친 후 보완통합의료로 암 환자를 돌보고 있다. 그가 쓴 이 책은 먼저 하프타임을 거친 이로서 꼭 챙겨야 할 내용들을 다루고 있다. 신체뿐 아니라 영혼과 관계까지 통합적으로 살펴 건강한 삶이 무엇인지 알려 주는 이 책을 인생 2기 삶을 준비하는 지침서로 기꺼이 추천한다. 책을 덮는 순간 당신은 벌써 인생의 의미를 위해 달려가는 건강한 자신의 모습을 발견하게 될 것이다.

― 대한암협회부회장·건국대병원 병원장·박사 **백남선**

지금은 마음의 건강검진이 필요하다

축구, 농구, 럭비, 하키 등 체력 소모가 많은 운동 경기는 지친 체력을 추스르는 동시에 전반전 상황을 종합적으로 점검하고, 후반전의 승리를 위해 전략을 모색하는 하프타임이란 게 있다. 인생이라는 장거리 마라톤을 하는 우리도 인생의 하프타임을 통해 남은 인생의 의미와 가치를 찾아야 한다. 이병욱 박사는 인생의 경고 사이렌이 울리기 전 몸이 건강할 때, 자기 분야에서 잘나갈 때 하프타임을 갖는 것이 좋다고 조언한다. 인생의 후반을 전반보다 더 아름답게 살고 있는 사람들을 소개하는 이 책은 우리 삶의 내비게이션이다. 독자 여러분에게 더 늦기 전에 마음의 건강검진을 해볼 것을 권한다.

— 파이낸셜뉴스 회장 **전재호**

전반전을 뛰느라 지친 나를 보듬고 치유하는 하프타임

초임 검사 시절, 우연히 오토바이를 훔친 소년을 만난 후 나는 청소년 사역에 나서게 되었다. 청소년 인권 변호사의 길은 그렇게 시작되었다. 나는 청소년들에게 "자신의 상처를 치유하고 이겨 내는 것이 행복의 첫걸음이다"라고 말해 준다. 어른들 역시 다르지 않다. 그동안 우리는 엄청난 성취를 이뤄 냈지만 행복하지 않았다. 돈과 권력, 명예가 행복을 보장하지 않는다는 것을 이제 안 것이다.

그러면 어떻게 해야 할까? 인생의 중반쯤 그런 생각에 골몰할 시간이 필요하다. 잠시 쉬거나 속도를 줄여야, 내가 지금 가는 방향이 맞는지 점검하고 방향을 바꿀 수 있다. 그 시간이 바로 삶의 전쟁 전반전을 치루느라 지친 나를 보듬고 다친 상처를 치유하는 하프타임이다. 전반전보다 중요한 인생 후반전을 제대로 뛰기 위해 누구에게나 필요한 하프타임을 이 책으로 준비할 수 있다.

― 한국매니페스토 실천본부 상임공동대표 · 변호사 **강지원**

인생 후반 설계의 실천적 솔루션 제공

우리나라의 산업경쟁력은 대략 12위권이고 스포츠 경쟁력은 10위권이다. 국가브랜드 파워도 향상되고 있고 국가경쟁력 순위도 올라가고 있다. 그러나 국민총행복지수는 더 낮아지고 있고 자살자가 하루 평균 40명에 이르고 있다. 심신이 피로해지고 행복감을 상실한 사람들이 적지 않다. 이제는 국민총행복지수가 큰 의미를 갖게 되었다. 그리고 경쟁에서 이기는 방법보다 건강하고 행복하게 사는 방법을 적극적으로 모색해야 할 시기가 되었다.

마침 이런 때에 이병욱 박사의 책을 만나게 된 것은 많은 사람들에게 축복일 뿐만 아니라 우리 사회에도 큰 축복이다. 이 박사는 암 분야에서 잘 알려진 유명한 의사다. 그동안 나는 이 박사의 강의를 여러 번 들으면서 이분의 철학과 인생관에 크게 공감하였다. 단지 수술을 통해 암 환자를 고치는 역할만 하는 것이 아니라 심신을 함께 살려 냄으로써 환자뿐만 아니라 그 가족들을 건강하게 하고 더 나아가서 사회를 건강하게 하는 분이라는 것을 알고 존경하게 되었다. 특히 이 책은 직장과 가정에서 흔들리기 쉬운 40대들에게 실천적 솔루션을 제공하고 있어서 더욱 의미 있다.

이 책을 읽으면서 내 인생의 후반전을 설계할 때 이런 책이 있었더라면 더 좋았을 거라는 생각을 여러 번 했다. 다행히 이 책은 하프타임뿐 아니라 이미 삶의 후반전에 진입한 분들에게도 여전히 유용한 솔루션을 주고 있다.

이 책은 독자들에게 심신의 건강과 행복한 삶의 방향과 방법을 제시할 뿐만 아니라 성장통을 앓고 있는 우리 사회의 성숙한 변신을 위해서도 좋은 지침서가 되고 있다. 많은 분들에게 축복이 될 것을 확신하며 이 책을 기쁜 마음으로 추천한다.

— 중앙공무원교육원장 · 경영학 박사 **윤은기**

차례

추천사 **4**
프롤로그 **12**

Chapter 1. 깜박하면 놓치는 하프타임

사는 게 치열할수록 하프타임이 필요하다 **18**
당당하라, 나의 하프타임 **23**
인생이 절반이나 남았다면, 하프타임 **28**
하프타임에도 규칙은 있다 **36**

Chapter 2. 몸, 쉼표가 필요해

내 몸은 굿모닝? **44**
아프면 하프타임도 귀찮다 **54**
약을 없애는 소박한 밥상 **63**
돈 벌고 꿩 먹는 습관, 운동 **79**
오로지 실천만이 살 길이다 **92**

Chapter 3. 마음, 심폐소생술을 원한다

정신줄 단단히 붙잡아 매기 **102**
마음도 건강검진이 필요하다 **110**
한바탕 웃고 목 놓아 울면, 건강하다 **122**

약이 되기도 독이 되기도 하는 마음 130
먼지 한 점 없게 영혼을 닦는 법 138
선서! 내 마음은 하프타임 중 146

Chapter 4. 관계, 내 삶을 따뜻하고 견고하게

외로움에 떠는 유아독존 154
나에게는 너무 특별한 당신, 배우자 160
아이 속에 내가 있다 175
동료만 한 동무가 없다 188
정녕, 서로 통(通)하였느냐? 195

Chapter 5. 죽음, 아낌없이 살아야 두렵지 않다

죽음과 화해하기 204
죽음을 마주하는 기술 209
그들을 통해, 나의 죽음을 완성하다 214

에필로그 220

프롤로그
지금, 당신의 가슴이 원하는 것은 무엇인가?
● ● ●

"둘째 아이는 눈에 넣어도 안 아프다"라는 이야기를 들은 적이 있다. 정말 그랬다. 첫째를 키울 때는 레지던트 생활로 바빠 집에 들어가는 날이 손에 꼽을 정도였다. 또 초보 아빠라 아이 키우는 기쁨을 느낄 겨를도 없었다.

아기를 어를 줄도, 놀아 줄 줄도 몰랐다. 하지만 둘째가 생겼을 때는, 간혹 밤중에 아이가 보채면 하루 종일 아이들과 씨름한 아내 대신 내가 둘째를 데리고 산책하는 것이 즐거웠다.

집을 나서면 아이는 눈을 동그랗게 뜨고 사방을 둘러보며 귀를 쫑긋 세웠다. 한참을 뭐라고 옹알거리기도 했다. 어두운 거리를 산책하는 것을 좋아하던 아이가 어둠을 두려워하게 된 것은 세 살 무렵이 되어서였다. 어디선가 "밤에는 골목길에서 괴물이 나온다"는 이야기를 듣고 난 이후로 아이는 밤길을 무서워했다.

세 살배기만 두려움이 있는 게 아니다. 무엇이든 어렴풋이 아는 것은 막연한 두려움을 준다. 중년이 되면 갑자기 두려움이 많아진다. 지금까지 살아온 것이 만만치 않았기에 미래가 두렵다. 몸뚱이 하나 믿고 열심히 살았는데 이젠 몸도 예전 같지 않다. 세상은 용기 있게 꿈을 꾸고 실현하는 중년을 찬양하지만, 가까운 사람들은 괜한 짓 하지 말고 자리 보전이나 하라고 한다.

나에게도 꿈꾸던 길이 있었다. 그러나 외과의라는 안정된 길을 벗어나 새로운 영역에 도전한다는 것이 조금은 두려웠다. 내가 과연 바른 길을 선택하는 것인지 의문스럽기도 했다. 인생 전반전에 대해 후회하지는 않지만 후반전에는 다른 길을 선택하고 싶었다. 그래서 사십대 초반 몇 년을 하프타임으로 정했다. 전반전의 삶을 정리하고 미래를 계획했다.

미국, 일본, 유럽의 독일, 영국, 스위스 등지의 유명한 암 병원을 돌아보고 멕시코 티후아나에 있는 오아시스호프 병원을 다녀온 것도 하프타임 때였다. 암 환자를 위해 현대 의학이 제시하는 길 외에 좋은 대안을 찾고 있던 나에게 오아시스호프 병원은 이상적인 병원이었다.

　나처럼 종양 수술을 전문으로 해온 프란시스코 콘트레라스는 이 병원에서 현대 의학과 보완의학의 장점을 조율해 암, 당뇨병, 에이즈 등 만성질환 치료에 놀라운 성과를 거두고 있었다.

　프란시스코는 환자를 치료 대상으로만 대하지 말고, 몸과 마음과 영혼, 자연을 통한 예방 등 전인적이고 총체적으로 환자에게 접근해야 그의 건강을 지켜 줄 수 있다고 이야기했다.

　내가 보완통합의학의 길로 가고 싶다고 했을 때, 많은 사람들이 "말이 좋지 현실에서 이루어지기 어렵다"고 걱정하기도 했다. 하지만 내가 꿈꾸던 의술이 오아시스호프 병원에서 펼쳐지고 있는 것을 보고는 나 혼자만 이런 꿈을 꾸었던 것이 아님을 알았다.

　하프타임을 통해 나는 꿈을 펼치겠다는 용기가 생겼다.

　'용기'를 뜻하는 영어 'courage'는 '가슴'이라는 뜻의 라틴어 'cor'에서 유래되었다. 가슴이 원하는 삶을 사는 것이 용기 있는 삶이다. 가슴이 원하는 것이 무엇인지, 내가 진정 하고 싶고 의미 있고, 사명을 가질 수 있는 것을 발견하고 알아내는 시간이 바로 하프타임이다.

　가장 중요한 시간은 바로 지금이다.

　가장 중요한 일은 바로 지금 내 앞에 있는 일이다.

　가장 중요한 사람은 지금 내 옆에 있는 사람이다.

　지금, 당신의 가슴이 원하는 것은 무엇인가?

이 병 욱

깜박하면 놓치는 하프타임

Chapter 1

5년 전 한 젊은 의사가 우리 병원을 찾아왔다.
자질이 뛰어난 34세 소아과 레지던트였다.
그의 일상은 밤낮없이 울려 대는
응급콜로 정신없이 바빴고 선배들은
그를 혹독하게 훈련시켰다.
어린 환자들의 상태도 좋지 않아
그는 심한 스트레스를 받고 있었다.
빈혈과 통증이 있었지만 대수롭지 않게 여기고
'조금 더 있다가 검사를 받자'고 생각했다.
뒤늦게 검사한 결과, 대장암 말기로 밝혀졌다.
암세포가 복강까지 전이되어 손을 쓸 수 없었다.
대부분의 중증 질환은 경고 증상이 있다.
하지만 의사인 그는 자신의 증상을 깜박하고 놓쳤다.
몸뿐 아니라 관계 또는 마음도
이처럼 여러 형태의 경고장을 날린다.
그 경고장을 무시하면 안 된다.

사는 게 치열할수록
하프타임이 필요하다

결심하기 전까지 망설이게 된다. 멈칫하면 아무런 성과도 거두지 못한다.
주도적이고 창의적인 행동에는 '우리가 결심하는 순간부터
하나님의 의지도 함께 움직인다'는 진리가 숨어 있다.
그러나 그러한 진리를 모르기 때문에
수많은 멋진 생각과 계획이 중도에 포기된다.
— 괴테

하프타임 Half-time 은 문자 그대로 운동경기 중간에 쉬는 시간이다. 축구는 전반전과 후반전 중간에 15분, 농구는 1, 2 피리어드와 3, 4 피리어드 사이에 10분씩 하프타임이 있다. 럭비와 하키 등 체력 소모가 많은 운동 특히 장시간 경기하면서 몸싸움이 심한, 그리고 여러 동료들과 유기적으로 함께 뛰는 경기에는 대부

분 하프타임이 있다. 하프타임은 지친 체력을 추스르는 시간이다. 또한 전반전 상황을 종합적으로 점검하고, 문제가 있다면 후반전에는 승리하기 위해 그 해결책을 찾는 시간이다. 하프타임을 어떻게 보냈느냐에 따라 경기의 승패가 좌우되기도 한다. 전반전에서 이기고 있다면 승리를 지켜 가는 전략을, 지고 있다면 역전할 수 있는 전략을 짜야 한다. 인생은 언뜻 생각하면 혼자서 페이스를 조절하여 결승선에 이르는 장거리 마라톤과 같다. 하지만 인생을 잘게 쪼개어 보면, 현실은 팀플레이가 필요한 경기들의 연속이다. 승패가 확연히 보이거나 또는 결과가 가늠되지 않아도, 내 위치에서 내 몫을 제대로 하고 있는지를 숨 고르며 살펴야 한다.

강원 FC 최순호 감독은 하프타임이 되면 그라운드에서 2분간 생각을 정리한 다음에 선수들을 만나러 간다. 15분이라는 짧은 하프타임에 전반전 경기 운영에 대한 잔소리가 아닌, 후반전을 준비할 수 있는 전략을 세우고 의욕을 북돋우기 위해서다.

운동경기의 하프타임은 승리의 단초가 되는 시간이지만, 인생의 하프타임은 단순한 승리를 넘어 나의 존재와 가치의 의미를 새롭게 세우는 시간이다.

《하프타임》을 쓴 밥 버포드는 하프타임을 이렇게 정의한다.

"인생의 전반전의 목표가 성공을 추구하는 기간이었다면 후반전은 의미를 찾아가는 여행이다. 고통 없이 하프타임에 들어가는 사람은 없다."

《일의 발견》을 쓴 조안 시울라는 이렇게 말했다.

"중년의 사람들은 더 어려운 선택을 해야만 한다. 그들은 정말로 중요한 것이 무엇인지를 결정해야 할 새로운 기회를 맞이한다."

나는 하프타임을 '스스로를 알아 가는 시간', '나에게로 떠나는 여행'이라고 표현하고 싶다. 하프타임의 주인공은 바로 '나' 자신이다. 나와 나를 둘러싼 주변을 살피면서 내가 어떻게 살아왔는지, 그리고 앞으로 어떻게 살아갈 것인지 세심하게 살피는 일, 이것이 하프타임의 핵심이기 때문이다.

1995년 남아프리카공화국에서 개최된 럭비월드컵은 추구하는 가치와 의미에 따라 인간이 얼마나 성장할 수 있는지를 보여준 대회였다. 인종차별 정책의 대표였던 나라, 남아공에서 최초로 흑인 대통령이 된 넬슨 만델라는 입각 초기, 백인의 상징이었던 럭비 팀 스프링복스를 통해 흑백이 하나 되기를 꿈꾸었다. 그는 스프링복스의 주장 프랑수아에게 럭비월드컵에서 우승을 해달라고 주문했다. 스프링복스는 세계 무대 경험이 부족한 약체팀이었지만 프랑수아는 역사를 위해 스프링복스가 어떤 일을 해야 하는지를 깨닫고 변화한다. 프랑수아의 하프타임이 시작된 것이다. 이와 같은 실화를 바탕으로 한 영화 〈우리가 꿈꾸는 기적, 인빅터스〉에서 프랑수아는 동료들에게, '우리는 흑백이 함께하는 나라 남아공의 대표 선수'라는 것을 각인시킨다. 그리고 흑인 어린이들을 위한 럭비 교실을 열어 흑백간의 화합의 장을 마련해 간다. 역사적 사명에 고무된 스프링복스는 럭비월드컵 결승전까지 진출한다. 흑백이 하나 되어 응원하는 국민들 앞에서 프랑수아는 "오늘 이 경기장에서 가장 위대한 팀이 누구냐?"라고 큰 소리로 동료들에게 되새겨 준다. 결국 그들은 역사에 남을 위대한 승리를 이룬다.

라틴어 '인빅터스'invictus의 뜻인 '굴복하지 않는' 신념과 도전의 결과였다. 하프타임에도 반드시 필요한 정신이다. 하프타임에 어떤 정신과 목표를 세우느냐에 따라 후반전에 새로운 역사가 만들어진다.

나는 28년간 암만을 치료했다. 암은 단순히 암 덩어리만 잘라 낸다고 치료되는 질환이 아니다. 암은 삶과 밀접한 관계가 있다. 2년 전 즈음 국내 모 대기업의 계열사 CEO가 본원에서 암 치료를 받고 6개월 정도 후 거의 완치가 되었다. 좀 더 시간을 가지고 치료받자고 권유했지만 그는 "그동안 쉬었던 일을 해야 한다"고 손사래를 쳤다. 그는 예전의 생활 방식으로 다시 돌아갔다. 1년 정도가 지났을 때, 암이 재발해 별세했다는 소식을 들었다. 쉼이 조금 넘은 나이였다.

　건강에 이상이 생겼다면 건강을 우선 돌보아야 한다. 건강하지 않으면 어떤 목표도 실현할 수 없다. 건강하지만 '내가 도대체 무엇을 위해 사는가?'라는 의문이 생긴다면 우선 내 삶을 살펴봐야 한다. 물음이 해소되지 않으면, 사는 게 사는 것 같지 않다. 이런 이상기후가 감지되는 때가 하프타임이 시작되는 순간이다.

　하지만 경고 사이렌이 울릴 때까지 기다리는 것보다 몸이 건강할 때, 자기 분야에서 잘나갈 때 하프타임을 갖는 것이 좋다. 급한 불을 끄다 보면, 불 끄는 일로 세월을 허비하기 마련이다.

　나는 하프타임을 갖기 전, 스스로에게 몇 가지 질문을 했다.

"무엇을 성취할 것인가?"

"내게 있어 가치 있는 것은 무엇인가?"

"나의 기쁨은 무엇일까?"

"나는 무엇을 잘하는가?"

"나는 누구와 있는 것을 좋아하는가?"

"나는 언제 감동하는가?"

　이와 같은 물음들과 솔직한 답변 속에서 나는 '나도 즐겁고 남에게도 도움이 되는 삶'을 원한다는 것을 알았다. 그 소망을 성취하기 위해 나의 하프타임은 시작되었다.

당당하라,
나의 하프타임

어머니가 당신을 사랑하는 것보다도
자기 자신을 더 사랑해야 한다.
그러니 언제나 당신 자신과 연애하듯 삶을 살아라.

— 어니 J. 젤린스키

세상사에 흔들림이 없어진다는 불혹, 40세. 1년에 평균 400여 회 정도의 암 수술을 하던 나는 마흔에 포천중문의과대학으로 스카우트되었다. 공자는 불혹이었는지 모르겠지만 나는 마흔이란 나이에 수많은 의문과 대면했다. 마흔이면 메스 다루는 능력이 무르익고 체력도 있어 외과에서는 한창 활동하는 나이다. 특히 나는 바느질 솜씨를 인정받는 외과 의사였다. 진찰실보다 수술실에 머무는 시간이 더 많았던 나는 손에 늘 메스를 들고 있었다.

그런데 암 치료에 있어서 '메스가 최선일까?'라는 의문이 생겼다. 항암 치료, 방사선 치료 그리고 절제술은 암 치료의 대표적인 방법이다. 절제술은 암을 조기에 제거하는 효과적인 방법이다. 하지만 암을 성공적으로 깨끗이 제거해도 다시 다른 부위에서 암이 발견되는 경우가 있었다. 내가 하는 일에 의문이 생겼다. 메스가 필요 없다는 것이 아니었다. 단지 보이는 암세포만을 잘라내는 것에 그치지 않고, 암세포가 생기는 근원을 찾아 없애고 싶었다.

수천 건의 암 수술을 성공한 의사인 나는 암을 국소적으로 보고 있었다. 위암, 간암, 피부암 등 암을 세분화해서 치료하고 있지만, 사실 암은 전신성 질환이다. 몸에는 100조 개의 세포가 있다. 눈에 보이는 암세포뿐 아니라 암세포로 변화될 수 있는 세포가 몸의 다른 기관에도 상당한 것이다.

나는 암세포가 생긴 원인과 근원적인 치료법을 찾기 위해 4년 정도를 하프타임으로 정하고, 유럽과 미국의 선진 의학을 접하며 다녔다. 수술 횟수를 줄이니 병원에 미안해졌다. 하지만 이 길을 포기할 수는 없었다. 그래서 당당하게 하프타임을 시작하고 방향을 바꿔 보완통합의학 분야에 발을 딛게 되었다.

요즘 들어 현대 의학에 만족하지 못하는 환자가 증가하고 있다. 2004년 조사에 의하면 독일은 이미 남자의 54퍼센트, 여자의 70퍼센트가 보완요법을 사용하고 있다. 2002년 조사에 의하면, 일본 역시 보안요법을 1년에 1회 이상 경험하는 사람이 76퍼센트였다. 이는 현대 의학 이용률 65.6퍼센트보다 높은 수치다. 영국과 독일 의사들의 75퍼센트도 보완요법을 사용하고 있었다. 암 치료에 있어 세계적인 명성을 갖고 있는 미국의 엠디엠더슨 병원도 면역 치료, 심신 요법, 아로마 요법, 예술 치료, 마사지 등을 치료와 병행하고 있었다. 나는 이런 모습을 보면서 미래의 의학을 예측했다.

"메스가 최선일까?"라는 단 하나의 질문에서 시작된 하프타임은 내 건강과 영혼 그리고 관계까지 폭넓게 돌아볼 수 있는 기회를 주었다. 수술실을 떠난 후 나는 일뿐 아니라 생활 전반에서 변화를 맞이했다.

수술은 고도의 집중을 요구하는 노동이다. 나는 수술하는 게 적성에 맞았지만 빡빡한 수술 스케줄과 강의로 만성피로 상태였다. 수술을 그만두자 건강이 확연히 좋아졌다. 미뤘던 건강검진도 했다. 물론 교수와 임상 과장이라는 안정된 기득권을 내려놓으려면 아내의 절대적인 이해와 동의가 필요했다. 다행히 아내는 내 선택에 반대하지 않았다. 하프타임을 통해 나는 아내와 삶 전반에 대해 깊은 대화도 나누게 되었다.

"수술실을 떠나 지금 행복합니까?"라고 내게 묻는 사람들이 많다. 이 질문에 나는 "수술실에 있을 때도 행복했지만 지금은 더 행복합니다"라고 답한다. 사람은 아주 작은 사건에도 의미를 부여하고, 의미를 찾아가는 존재다. 의미를 알아 갈 틈도 없이 세상의 채찍질에 마냥 달려가는 것은, 인간의 존재성을 거부하는 것이다. 나는 하프타임을 통해 내 삶의 의미를 명확히 알 수 있었다.

내 하프타임에 힘을 얻어 아내도 하프타임을 시작했다. 자녀 교육의 전반을 맡고 있는 아내는 교육에 대한 바른 로드맵이 필요했다. 횡행하는 사교육과 성적 지상주의 속에서 진정으로 아이들을 위한 교육이 무엇인지 돌아보아야 했다. 아내는 하프타임을 통해 아이들이 꿈꾸는 것을 실현시켜 주는 것이 교육이 할 일이라고 확신하게 되었다. 그래서 그에 걸맞은 계획을 짜고 있다.

'피할 수 없다면 즐겨라'라는 말이 있다. 이 말은 하프타임에도 적용된다. '이번 일만 마치고 나서', '좀 더 마음의 여유가 생긴 후에'라는 생각으로 하프타임을 미루다 보면 결국 타이밍을 놓치게 된다. 하프타임을 선언하고 즐기면 되는 것이다.

하프타임은 속도를 줄이고 방향을 찾는 시간이다. 달리는 자동차의 속도를 줄이는 방법은 두 가지다. 하나는 브레이크를 밟거나 기어를 변속해 속도를 줄이는 것이고, 다른 하나는 연료가 떨어져 멈춰 서는 것이다. 연료가 떨어지면 다시 시동을 거는 데 시간이 오래 걸린다. 하프타임을 이용해 자발적으로 속도를 줄여야 한다.

　하프타임을 선언하면 가족, 동료, 친구들에게 적극적으로 조언을 구할 수 있다. 병을 널리 알려 주변 사람들에게 치료법을 구하는 것처럼, 하프타임도 여러 사람에게 알리고 선언하면 비슷한 문제와 물음을 가진 동지를 만날 수 있다. 나보다 먼저 하프타임을 가졌던 선배들의 노하우도 전수받을 수 있다.

인생이 절반이나
남았다면, 하프타임

자신이 아직 맛보지 않은 어떤 것을 찾으려면
자신이 알지 못하는 곳으로 가야 하고
소유하지 못한 것을 소유하려면
자신이 소유하지 않는 곳으로 가야 한다.

— 십자가의 성 요한

방송에서 시청률이 가장 높은 시간대를 '골든타임'이라고 한다. 이 시간은 광고 효과가 가장 높기 때문에 광고도 많이 몰린다. 의학에도 골든타임이 있다. 치료의 효과가 가장 좋은 시간대다. 예를 들어 뇌혈관이 막히는 뇌경색의 경우, 한쪽 몸이 마비되었어도 세 시간 안에 적절한 치료를 받으면 정상으로 돌아올 확률이 매우 높다. 이 세 시간을 골든타임이라고 한다.

하프타임은 언제가 골든타임일까? 사람마다 처한 상황이 다르고, 원하는 바가 다르기 때문에 정답은 없다. 투자한 시간에 비해 높은 효과를 볼 수 있는 골든타임의 때를 가장 잘 아는 사람은 본인이다. 다만 내 생각과 경험으로는 현재 한국인의 라이프스타일과 수명을 고려했을 때, 하프타임의 적정기는 30대 후반에서 40대 초반이 아닐까 한다. 2009년 기준 한국인의 평균 수명은 남성 75.7세, 여성 82.4세다. 40세가 딱 절반의 시기다.

하프타임을 고려하기에 삼십 대 초반은 경험이 짧고 오십 대는 시기적으로 부담감이 있다. 사십 전후는 세상을 보는 안목도 어느 정도 있고, 새로운 일에 도전할 육체적·정신적 힘도 충분하다. 남은 인생을 진지하게 모색하기에 안성맞춤인 시기다. 30대 중반부터 하프타임을 계획해 마흔에 실행으로 옮기는 것이 가장 이상적이다.

요즘은 초등학생부터 노후를 걱정한다지만 걱정하는 만큼 적절히 노후를 준비하는 사람들의 예는 보기 어렵다. 한국전쟁 이후 태어난 베이비부머(1955~1963년 생) 중 55세는, 2010년부터 본격적으로 은퇴를 시작했다. 베이비부머는 부모를 부양하고, 자녀의 결혼 준비까지 부담하면서도 정작 자신들의 노후는 준비하지 못했다. 베이비부머 10명 중 4명이 평균 소득의 절반 정도인 국민연금을 주된 노후 준비로 삼고 있다. 베이비부머는 경제적인 문제만 안고 있는 게 아니다. 1년에 한 번도 문화생활을 하지 못하는 사람이 절반을 넘고, 스트레스 지수도 65.2퍼센트로 평균보다 높다. 또한 가족관계 만족도도 전체 평균에 못 미친다. 베이비부머의 선례를 밟지 않기 위해서라도 40대 전에 하프타임을 결심하는 것이 좋을 것 같다.

물론, 농구가 하프타임을 몇 번씩 갖는 것처럼 하프타임은 나이와 상관없이 2~3번 가질 수도 있다. 유엔 미래보고서는 2030년에는 인간 수명이 130세에 이를 것이라고 전망한다. 그래서 59세까지를 청년, 70대까지를 장년, 그리고 130세까지를 노년으로 부르자는 의견도 제기되었다.

이 보고서에 비춰 본다면, 앞으로 약 30년 후인 2050년에는 평균 연령 100세 시대가 열릴 것으로 예측된다. 요즘 60대가 경로당에 가면 "얘, 너 가서 물 떠와"라며 70~80대 어르신들이 잔심부름을 시킨다고 한다. 평균 100세가 딴 세상 이야기가 아니다. 지금 중년들이 미래에 겪을 일이다. 살아가야 할 날들이 더 많다는 것을 진지하게 생각하고 하프타임을 준비해야 한다.

보통 인생 전반전은 자기 의지가 아니라 상황에 이끌려 자기 진로를 결정하게 되는 경우가 많았다. 대학, 직장, 결혼 등의 중요한 선택들을 일류라는 조건에 맞춰 선택하는 경향이 있기 때문이다. 일류가 되기 위해 고군분투하는 삶에는 여유가 있을 자리가 없다. 항상 최선을 다하지만 최고의 길은 멀기 때문이다. 심리학자 융은 35세에서 40세 사이에 청년기와 젊은 성인기가 끝나고 중년기로 접어든다고 보았다. 중년기에 들어선 사람은 새로이 정립된 가치관을 중심으로 자기의 삶을 수정해야 한다고 했다. 지금까지 외부 세계에 적응하느라고 소비했던 에너지를, 새로운 가치에 쏟아야 한다고 강조했다.

하지만 정신없이 바깥 세계와 조우하고 살았는데, 언제 새로운 가치를 깨닫겠는가? 새로운 가치를 깨닫기 위한 틈새, 이것이 하프타임이다.

현재 대한민국 20~30대 청년들은 어쩔 수 없이 하프타임을 점점 앞당겨야 하는 현실에 놓여 있다. 이들은 평생직장은커녕 취업의 기회조차 잃어버린 '청년 백수 세대'다. 이 세대는 '20대의 태반이 백수'라는 신조어의 줄임말 '이태백' 또는 '88만원 세대'라 불린다. 1970년대에 태어난 30대들은 X세대로 각광받았지만, 대학 시절 IMF를 맞아 '취업을 하지 못하면 어떡하지?' 하는 불안감과 함께 사회생활을 준비하게 되었다. 이런 안타까운 현실은 20~30대의 라이프스타일을 바꿔 놓았다.

몇 해 전 SBS가 '위기의 2030세대'라는 타이틀 하에 집중 조사한 결과, 이들은 취업만을 고려해 대학을 선택하고 대학에 입학

해서는 곧바로 취업 준비를 시작한다. 그리고 사회생활과 동시에 노후 문제와 자녀 교육을 걱정한다. 2030세대는 취업 전쟁을 뚫었어도 안정된 노후를 준비하기 위해 돈 폭탄 제조에 열광한다고 한다.

미래에 대한 위기감이 가져온 결과는 이뿐만이 아니다. 이들은 경제적으로 안정되기까지 결혼 또는 자녀 출산을 미루는 경향이 매우 크다. 이를 반증하듯 결혼 연령은 점점 늦춰지고 출산율은 저하되고 있다. 그렇지만 독신이라고 해서, 아이가 없다고 해서 하프타임을 비껴갈 수는 없다. 오히려 독신이기 때문에 더욱더 남은 인생을 계획해야 한다.

떠도는 소리로 '평생을 함께할 친구 세 명이 있다면 결혼을 하지 않는 것이 낫다'라는 말이 있다. 하지만 독신을 선택하려면 특별한 목적이 있어야 한다. 지금은 특별한 목적보다 사회 분위기에 휩쓸려 얼떨결에 결혼을 하지 않아 유독 외로운 독신들이 많은 시대다.

최근 몇 년 사이 내 주변에도 하프타임을 모색하고 실천하는 이들이 늘고 있다. 그중에서 가장 모범적인 예가 동갑내기 맞벌이 부부다. 작년 말 남편이 아내에게 보낸 휴대전화 문자 한 통이 이들에게 하프타임 계기가 되었다.

'당신 요즘 행복해?'

야근 중 문자를 받은 아내는 가벼운 안부로 생각하고 답장을 하려다 순간 멈칫했다.

'나는 지금 행복한가?'라는 의문이 솟구친 것이다.

그 후 두 사람은 결혼 후 무작정 달려오느라 서로 지쳐 있다는 것을 인정하고 하프타임을 갖기로 결심했다. 두 사람이 가장 먼저 한 일은 직장 상사에게 현재 상황을 전하고 이해를 구하는 것이었다. 이듬해 봄, 남편은 상대적으로 덜 바쁜 부서로 옮기고, 중학교 교사인 아내는 담임을 맡지 않았다. 이후 그들의 하프타임이 어떻게 진행되는지 자세히는 알 수 없지만 두 사람을 아는 이들은 흐뭇한 모습으로 그 부부의 하프타임을 응원하고 있다.

샌드라 쿡이라는 미국 여성이 있다. 남들이 부러워할 단계를 밟아 최고의 자리까지 올라갔다. 수리논리학 박사를 딴 후에 런던정치경제대학에서 강의를 했다. 미국 스탠퍼드연구소에서 일했고 세계적인 컨설팅 회사 부즈앨런해밀턴에서 컨설턴트로 재직했다. 나중에는 모토로라에서 커뮤니케이션 사업 전략을 총괄하는 직책을 맡았다. 샌드라는 이변이 없는 한 안정이 보장된 삶을 살 수 있었다.

그러나 그녀는 자신이 안전한 길을 가고 있지만 잘못된 방향으로 가고 있다고 생각했다. 그녀는 안전한 길 밖으로 뛰어나갔다. 샌드라는 바쁜 스케줄이었지만 2주간의 하프타임을 만들어 오지의 나라를 여행하고 돌아왔다. 결국 2002년 모토로라에 사표를 내고 전쟁이 시작된 아프카니스탄으로 갔다. 그리고 아프카니스탄을 재건하는 일에 동참했다. 그녀는 여러 사업을 모색하다가 아프카니스탄 카불 시민들에게 석류나무 묘목을 나눠 주는 일을 시작했다. 자비로 2만 그루의 묘목을 시민들에게 나눠 주고 전쟁 때문에 폐허가 된 땅에 이 묘목을 심게 했다. 한 여성의 삶이 아프카니스탄에 희망을 주고 전쟁의 폐허를 사람이 살 만한 곳으로 바꾸어 간 것이다. 안정되고 편안한 삶을 버리고 고통받고 있는 사람들을 위한 샌드라 쿡의 행복한 일탈(?)은 그래서 더욱 뜻깊다.

영화 〈박하사탕〉에 주인공이 기찻길 위에서 "나 돌아갈래!" 하고 절규하는 장면이 나온다. 그는 언제로 돌아가고 싶다는 것일까? 언제부터 그의 인생이 망가지기 시작했을까? 그때가 언제든 그는 자신이 원하지 않는 삶을 선택했고 그에 따른 결과를 맞이했다.

많은 시한부 환자들이 건강했을 때, 자기가 하고 싶고 가고 싶었던 길을 가지 않은 것을 후회한다. 하프타임은 너무 늦기 전에 자신이 원하는 삶을 선택해서, 후회를 희망 에너지로 바꾸는 계기가 될 것이다.

TIP! 하프타임을 지나면 'D'가 'R'이 된다

나이가 들면서 나타나는 D를 새로운 R로 바꾸어야 한다.

나이가 들면 신체 변화로 용모가 손상된다 Disfigurement.

배가 나오며 허리를 굽혀 물건을 줍거나 양말을 신는 일도 힘들 만큼 몸이 불편해진다 Discomfort, Difficult.

기억력이 감퇴하고 날렵하게 몸을 움직이지 못해서 자기가 무능해지고 있다고 느낀다 Disability, Dependency.

또한 비만, 당뇨, 암과 같은 질병에 노출된다 Disease.

우울해지고 심지어는 노망에 이르기까지 한다 Depression, Decrepitude.

결국 생명을 단축시키는 치명적인 병을 통해 죽음이 이르기도 한다 Death.

이런 D에서 벗어나 R의 생활을 하자.

내 몸의 원기를 회복하고 Revitalization, 부족한 부분을 쇄신하고 Renovation, 막히거나 정체되어 있는 몸의 기운과 활력을 새롭게 순환시키고 Recycle, 새롭게 변화되어서 Renewal 몸의 회춘 Rejuvenation 과 마음의 부흥 Revival 으로 영혼의 르네상스 Renaissance 를 맞이하자.

하프타임에도 규칙은 있다

아무도 걸어가 본 적이 없는 그런 길은 없소.
아무도 올라가 본 적이 없는 그런 길은 없소.

─ 안치환 〈그런 길은 없소〉 중에서

    2010년 2월 밴쿠버올림픽 피겨스케이팅 김연아 선수는 쇼트 프로그램과 사흘 후 진행된 프리스케이팅에서 세계 신기록을 갱신했다. 그녀의 안정적인 경기는 피겨스케이팅에 문외한인 내가 보기에도 금메달감이었다. 워낙 타의 추종을 불허하는 경기 내용이라 경기 후 인터넷을 달군 일본 네티즌의 악플에도 마음 상하지 않았다. 다만 경기 규칙은 궁금했다. 김연아 선수가 금메달일 수밖에 없었던 이유를 알아보았다. 2분 40초 동안 진행되는 쇼트 프로그램은 점프 3개, 스핀 3개, 스텝 등 8개의 기술 요소가, 4분짜리 프리스케이팅은 단독 점프 4개, 콤비네이션 점프 3개, 스핀 3개 등 12개의 기술 요소가 필수다. 두 가지 종목의 점수를 합해서 금메달이 확정된다. 마지막 프리스케이팅에서 김연아 선수는 경쟁자 아사다 마오보다 공중 연속 3회전은 12점, 기술 점수는 13.62점, 예술 점수는 4.72점을 더 확보했다. 의심의 여지없는 금메달이지만 규칙을 이해하니 우승이 더 실감 났다.

하프타임도 몇 가지 규칙을 지키면 더 멋지고 알차게 보낼 수 있다.

규칙 1. 소리 내어 알린다

하프타임은 나만의 시간이지만 가족에게도 지대한 영향을 미친다. 가족들 특히 배우자와는 반드시 하프타임의 필요성을 의논하고 시작과 방법을 조율해야 한다. 하프타임을 알리는 것만으로도 배우자와의 관계 하프타임이 시작된다.

규칙 2. 속 먼저 살펴라

하프타임을 통해 앞으로의 계획을 세우라고 하면 많은 경우, 직업이나 경제력 위주로 접근한다. '나이 들어서도 할 수 있는 일이 무엇이 있나?', '통장에 얼마가 있어야 독립적인 노후를 보낼 수 있나?' 등을 주로 고민한다. 이것은 노후 경제 설계지 하프타임이 아니다. 하프타임은 외부로 향했던 시선을 내면으로 돌리는 때다. 나의 몸과 마음의 건강, 영혼의 평안함 그리고 관계를 재조명해야 한다.

홈런을 쳤다고 점수가 획득되는 것이 아니다. 1·2·3루의 베이스를 차근차근 밟고 홈베이스까지 찍어야 득점한다. 몸·마음·영혼·관계를 꼼꼼히 밟고 지나야 인생 홈런이다.

규칙 3. 절대 조급해하지 마라

하프타임은 조급하게 살아온 삶을 되짚어 보고, '나'를 살펴보는 시기다. 그런데 밀린 숙제하듯 하프타임을 급하게 갖게 되면 또다시 원하지 않는 인생을 선택할 수 있다. 사회에 첫발을 딛는 데 20여 년이 필요했다. 내 하프타임은 4년이었다. 당장 하던 일을 멈추라는 것이 아니다. 일정 시간을 하프타임으로 예약해 두면 된다. 서두르지 말고 내 삶의 의미를 제대로 찾아보기 바란다. 살아온 날들보다 살아갈 날들이 더 많다.

규칙 4. 무조건 즐겨라

무덤덤한 일상을 다시 가슴 뛰게 하는 시간이 하프타임이다. 즐겁고 힘차게 뛰어야 한다. 하프타임의 중심 키워드인 몸, 마음,

영혼, 관계를 살피는 데 소요될 시간을 대략 정하고 월과 연 단위로 무엇을 할지에 대해서 생각하는 것도 한 방법이다. 몸의 부실함을 살피는 데 3개월, 내게 맞는 스트레스 대처법을 실험하는 데 2개월…… 이런 식으로 말이다. 내 리듬에 맞게 짜면 된다. 단, 갑작스런 일이 생길지라도, 한 번 시작한 하프타임의 시계는 멈추면 안 된다.

긴 시간의 하프타임이 어렵다면 보름 정도라도 시간을 갖고 여행을 떠나는 것이 좋다. 낯선 곳에서 나의 상태를 종합적으로 살피고 내면과 마주하는 일은 매우 유익하다.

규칙 5. 사방을 살펴라

우선 뒤를 돌아봐야 한다. 그동안 살아온 여정, 즉 나 자신의 역사를 냉철하게 바라보고, 냉정하게 평가해야 한다. 다음에는 옆을 살펴야 한다. 현재 내 주변에는 누가 있는지, 그들은 나를 어떻게 평가하는지 등에 관심을 기울여야 한다. 마지막으로는 앞을 봐야 한다. 하프타임 이후에는 어떤 가치를 우선순위로 삼고 살아갈지 방향을 정해야 한다.

TIP! 초등학생도 다 아는 규칙 잘 지키는 방법

1. 때와 장소에 따라 지켜야 할 규칙에 대하여 잘 알아 두도록 한다.
2. 어떻게 지켜야 하는지 그 방법에 대하여 알아 둔다.
3. 다른 사람이 보지 않더라도 꼭 지키려는 태도를 기른다.
4. 규칙을 지키지 못했을 때는 반성하고 다음에는 꼭 지키기 위해 노력한다.

초등학교 4학년 도덕 교과서 '새끼손가락 고리 걸고'에 소개된 약속과 규칙을 지킬 수 있는 능력을 기르는 방법이다.

나이 드는 일은 산을 오르는 일과 비슷하다. 산은 오르면 오를수록 숨이 찬다. 벅찬 숨을 참다 보면 어느새 정상에 와있다. 정상에서는 잠시 멈춰 숨을 고르며 주위를 둘러본다. 정상 다음은 내리막길이다. 내리막길은 더 조심해야 한다. 내리막길에서 어이없게 사고를 당하는 경우가 많기 때문이다. 정상에 서는 시기는 대부분 중년인데 현명한 사람이라면 정복의 기쁨에만 취해 있지 않고 여유 있게 내리막길을 살핀다. 나의 상태, 동료를 살피고 어떻게 어떤 길로 내려가야 할지를 결정해야 한다. 속도보다 방향이 더 중요하다.

　자발적으로 갖는 하프타임은 제2의 인생을 계획하는 즐거운 시간이다. 학창 시절 나는 생계를 위해 공부했다. 공부를 하지 않으면, 사업 실패로 주저앉은 집안을 일으킬 수 없었다. 그런 사명감으로 공부에 대한 의욕에 불을 붙였지만, 공부를 해보니 재미도 있었다. 좋아서 하는 공부, 목적이 있는 공부라야 오래오래 즐겁게 할 수 있다. 하고 싶은 일을 해야 눈이 커지고 가슴이 뛴다. 하프타임에는 가슴이 쿵쾅쿵쾅 뛰어야 한다. 자발적으로 인생을 돌아보고, 새 인생을 계획할 수 있다는 것은 복된 일이다. 하고 싶어도 하지 못할 때가 반드시 온다. 나의 오늘은 어제 생을 마감한 누군가가 간절히 갖고 싶었던 내일이다.

몸, 쉼표가 필요해

Chapter **2**

마흔은 유독 서러운 나이인 것 같다.
결혼을 안 한 20대는
30줄이 겁난다고 하지만,
온몸이 욱신욱신 쑤시는 마흔이 되면
'할 일이 아직도 많은데……' 하며
예전 같지 않은 몸 때문에 서러워진다.
중세 어느 그리스도인의 기도처럼
마흔에는 "신체의 고통은
해마다 늘어나고 그것들에 대해
위로받고 싶은 마음들은
나날이 커진다." 하지만 모든 아픔은
생각에 따라 성장통이 된다.
몸의 고통은 주위를 돌아보게 하고,
나의 몸도 돌아보게 한다.
더 큰 질병으로 이어지지 않도록
고마운 경고등을 켜주는 것이다.

내 몸은 굿모닝?

심각한 병에 걸린 것 같으면
최소한 세 명의 의사에게 진단을 받아라.
생명에 관한 문제에 게으르거나 돈을 절약할 생각은 하지 마라.

— 어느 아버지가 아들에게 남긴 글

하프타임 이후를 버티려면 체력이 있어야 한다. 체력이 돼야 새로 설계한 인생 후반전을 기운차게 뛸 수 있다. 탐험가들은 미지의 세계로 떠나기 전에 체력을 다지고 응급구급함을 준비한다. 나의 기초 체력이 어느 정도이고 특별히 약한 데가 없는지를 살펴보는 것이 하프타임을 준비하는 사람에게는 필수다.

2010년 6월 23일 새벽, 대한민국이 들썩였다. 우리의 태극 전사들이 남아프리카공화국에서 개최된 축구 월드컵에서 나이지리아와의 접전 끝에 2 대 2 무승부로, 한국 축구 역사상 처음으로 월드컵 원정 경기에서 16강 진출의 쾌거를 이루어 낸 것이다. 거의 날밤을 새며 나이지리아와의 경기를 지켜보면서 자연스레 2002년 4강 진출의 기억을 되짚어 보았다. 2002년 월드컵 대표팀 수장 히딩크 감독이 떠올랐다.

대표 팀 감독으로 영입된 히딩크는 부임에 앞선 기자회견에서 우리나라 기자와 축구 관계자에게 "한국 축구의 장단점이 뭐라고 생각하십니까?"라고 질문했다. 대답은 "한국 축구는 유럽이나 남미에 비해 개인 전술이 떨어지지만 투지가 강하고 팀워크가 좋다"였다. 당시 대부분의 사람들이 그렇게 평가하고 있었다. 하지만 히딩크 감독은 "잘못 알고 있다. 내가 보기로는 개인기는 좋은데 체력이나 팀워크, 투지가 없다"라고 평가했다.

히딩크는 월드컵이 코앞인데도 조직력이나 전술 훈련은 하지 않고 전문 체력 트레이너까지 외국에서 초빙해서 계속 체력 훈련에만 집중했다. 경기 2시간 전까지도 체력 훈련을 포기하지 않았던 히딩크는 막판까지 선수들을 혹사한다는 비난을 받아야 했다. 그러나 그의 체력 훈련에 따른 결과는 찬란했다.

체력은 결코 태극 전사들에게만 필요한 것이 아니다. 인생을 롱런으로 살아가야 하는 우리에게도 필요하다. 힘이 충분히 있어야 인생 후반전에서 자기 삶에 기억될 만한 멋진 골을 넣을 수 있다.

내 경우 하프타임에 돌입하기로 마음먹은 40세 때 내 몸은 만병의 근원인 만성피로 상태였다. 의사라고 해서 자신의 건강을 잘 돌보는 것은 아니다. 환자들에게는 금연을 권하면서 정작 자신은 술과 담배로 스트레스를 푸는 의사들이 많다. 의사는 운동할 틈도 별로 없다.

나는 하프타임을 통해 평소에 생각해 오던 '5기 건강법'을 적극적으로 실천할 수 있었다. 5기 건강법은 이 책 2장 '약을 없애는 소박한 밥상' 편에 자세하게 설명되어 있다. 나의 5기 건강법 실천은 가족들의 식 습관도 바꾸게 했다.

건강에 관심을 가지다 보면 다양한 정보를 접하게 된다. 사람들이 모인 곳에서 '뇌졸중' 한 가지만 화제로 꺼내도 각종 예방법과 경험담이 나온다. 찜질방에서 만난 어떤 사람은 내가 의사인지를 모르고 뇌졸중, 즉 중풍이 오면 바로 손을 따고 청심환을 먹여야 한다고 자상하게 알려 주었다. 하지만 뇌졸중은 손을 따면 혈압이 올라가고, 억지로 청심환을 먹이면 자칫 기도를 막아 생명을 위협할 수 있다. 이처럼 떠도는 건강 정보는 매우 위험하다. 건강 정보는 그야말로 건강 정보이지 의학 정보가 아니다.

내가 보완통합의학의 길로 들어선 것은, 동서양의 의학적 지식과 지혜를 하나로 모아야 할 필요를 느꼈기 때문이다. 어설픈 건강 이론과 무분별한 대체 의료로 생명이 상하지 않기를 바라는 마음도 한몫했다.

건강 관리법의 기본은 아주 간단하다. 잘 먹고 잘 자고 잘 배설하는 것이다. 건강에는 비법이 없다. 기본을 얼마나 오래 잘 지키느냐가 중요하다. 건강 정보를 찾아 헤매는 시간에 기본을 충실히 실천하는 것이 훨씬 효과적이다.

사람의 몸은 태어나서 10대까지 성장하고, 20대에는 성장과 기능이 절정에 달한다. 이후 30대부터는 기능이 서서히 퇴보해서, 40대에 이르면 흔히 말하는 노화가 시작된다. 40대는 30대에 비해 기초대사량이 15퍼센트 감소하고, 근육량과 근력은 10~20퍼센트 줄어든다. 또 심폐지구력, 유연성, 평형감각 등의 기초 체력도 30대보다 8~13퍼센트 정도 떨어진다. 그야말로 몸이 예전 같지 않다. 하프타임에 몸을 반드시 살펴야 하는 이유다.

노화의 첫 신호는 눈가 주름과 흰머리다. 그리고 첫 신호의 충격이 채 가시기도 전에 눈이 침침해진다. 여성의 경우는 생리 양이 급격히 줄어든다. 조금만 무리를 해도 온몸이 뻐근하고, 몽둥이로 맞은 것처럼 늘어진다. 이런 신호를 느끼면 당연히 건강에 신경을 써야 한다. 그러나 이런 일이 오기 전에 손을 보는 것이 좋다.

하프타임은 가래로 막을 것을 미리 호미로 막는 지혜의 시기다. 건강도 예외가 아니다. 건강은 관리하지 않으면 30대까지는 어떻게든 버티지만, 40대부터는 부작용이 속속 드러난다. 건강관리를 하지 않으면 고혈압, 당뇨병, 고지혈증 등 성인병이 나타날 가능성이 높다. 방치하면 50대에는 협심증, 뇌졸중, 암 등의 중증 질환으로 발병한다.

인생 후반전은 건강이 삶의 질을 좌우하는 중요한 요소이자 경쟁력이다. 건강 로드맵을 만들어야 한다. 최근 열풍인 '초콜릿 복근'이나 '몸짱 만들기'에 동요되어서는 안 된다. 30대까지는 대부분 외모를 위해 몸을 가꾼다. 그러나 40대부터는 외모를 위한 건강관리는 오히려 건강을 해친다. 외모를 위한 무리한 다이어트는 '살 빼기'가 아니라, 골다공증 등을 유발하는 '뼈 빼기'가 될 수 있다.

하프타임에는 지구력, 근력, 체력, 유연성, 순발력 등을 테스트해서 자신의 체력을 객관적으로 점검해 보아야 한다. 반드시 버려야 할 것은 건강에 대한 자신감이다. 많은 중년 남자들이 아직도 자신의 체력을 20대로 착각하고 산다. 40대는 돌연사 확률이 가장 높은 시기임을 잊어서는 안 된다.

한국인의 건강 수명은 남성 67세, 여성 69세다. 건강 수명은 질병이나 장애 없이 정상적인 활동을 할 수 있는 나이다. 최근 평균 수명을 고려한다면 남녀 모두 10년 정도는 건강하지 못한 상태에서 생활할 가능성이 높다는 결론이다. 일본에서는 이를 '휠체어 장수'라고 한다. 40대 이후의 건강관리는 건강 수명과 평균 수명의 차이를 줄이는 데 목적을 두어야 한다. 당장 병에 걸리지 않는 것도 중요하지만, 최적의 신체 상태를 유지하기 위해 노력하는 것도 중요하다. 마지막 순간까지 '건강하고 유쾌하게' 사는 것이 목표가 되어야 한다.

TIP! 건강나이 계산법

인제의대 백병원 가정의학과 김철환 교수가 외국의 건강나이 계산법과 생명 통계 등을 우리 실정에 맞게 고쳐 건강나이 간이 계산법을 만들었다.

식생활, 운동, 흡연, 음주, 스트레스 등 10가지 항목에 따라 나이를 가감하면 건강나이가 나온다.

① **식생활**(해당 항목이 4개면 -4점, 2~3개면 -2점, 1개면 +2점, 없으면 +4점)

- 항상 싱겁게 먹는다.
- 신선한 과일이나 채소를 일주일에 5회 이상 먹는다.
- 태운 음식은 먹지 않는다.
- 식사를 규칙적으로 한다.

② **운동**
- 평균 일주일에 3회 이상 운동한다. (-2점)
- 운동을 전혀 안하거나 월 3회 미만으로 운동한다. (+2점)
- 기타 (0점)

③ **흡연량**
- 전혀 피운 적이 없거나 10년 전에 끊었다. (0점)
- 5년~10년 전 끊었다. (+0.5점)
- 끊은 지 1개월~5년이 되었다. (+1점)
- 하루 1갑 미만 피운다. (+3점)
- 하루 1갑 이상 피운다. (+5점)

④ **음주량**
- 전혀 마시지 않는다. (0점)
- 평균 일주일에 2회 이하, 한 번에 소주 2홉 반 병 이하 마신다. (-1점)
- 평균 일주일에 3회 이상, 한 번에 소주 2홉 1병 이상 마신다. (+3점)
- 위 둘의 중간 (+1점)

⑤ **지난 한 달 동안의 스트레스**(해당 항목이 1개 이하면 -2점, 2개면 0점, 3개면 +2점, 4~5개 +4점)
- 정신적으로나 육체적으로 감당하기 힘든 어려움을 여러 번 겪었다.
- 내 나름의 삶의 방식대로 살려다 여러 번 좌절을 느꼈다.
- 인간으로서의 기본적인 요구가 충족되지 않는다고 느낀 적이 여러

번 있다.
- 미래가 불확실하다고 느끼고 있다.
- 할 일이 너무 많아 때로는 중요한 일을 잊기도 하고 할 수 없을 때도 있다.

⑥ **직업의 위험도**
- 일이 위험하지 않다.(-1점)
- 일이 약간 위험하다.(+1점)
- 일이 위험하고 사고 가능성이 항상 있다.(+2점)

⑦ **운전과 안전습관**
- 안전벨트를 항상 착용하고, 일할 때마다 안전에 주의한다.(-1점)
- 위 두 항목 중 한 가지만 해당된다.(0점)
- 두 가지 모두 해당되는 것이 없다.(+1점)

⑧ **건강검진**
- 2년에 1회 이상 받는다.(-2점)
- 전혀 받지 않는다.(+2점)

⑨ **B형 간염 혹은 바이러스 보유**
- 있다.(+3점)
- 없다.(0점)
- 모른다.(+1점)

⑩ **비만도**(이상 체중은 키에서 110을 뺀 뒤 0.9를 곱한 값. 155센티미터 이하 여성은 키에서 100을 뺀 값)

- 표준체중(이상 체중의 90~110퍼센트)(-1점)
- 과체중 혹은 저체중(이상 체중의 110~119퍼센트, 80~90퍼센트)(+1점)
- 비만 혹은 심한 저체중(이상 체중의 120퍼센트 이상 또는 80퍼센트 미만)(+4점)

위의 체크리스트에서 나온 점수를 실제 나이에 더한 것이 바로 건강 나이다.

· ·

사람에게는 다섯 가지 나이가 있다고 한다. 시간과 함께 먹는 달력의 나이, 건강 수준을 재는 생물학적 나이, 지위·서열의 사회적 나이, 대화를 해보면 금방 알 수 있는 정신적 나이, 지력을 재는 지성의 나이가 있다. 어떤 나이는 어리면 좋고 어떤 나이는 더 먹는 것이 좋다. 당연히 생물학적 나이, 즉 세포의 나이는 줄여야 할 것이다.

영국의 내과의사인 트리샤 맥네어는 《수명연장방정식》에서 수명을 줄이는 나쁜 습관과 수명을 늘리는 좋은 습관을 다음처럼 안내하고 있다. '콩 심은 데 콩 나고, 팥 심은 데 팥 난다'는 원칙은 건강에도 그대로 적용된다. 좋은 습관을 열심히 심으면 '건강 장수'라는 열매를 얻을 수 있다.

■ 표. 수명연장방정식

수명을 줄이는 나쁜 습관		수명을 늘리는 좋은 습관	
자기 비하	-4년	낙천적인 사고	+8년
낡은 사고	-5년	행복한 결혼생활	+7년
이혼	-3년	신앙	+7년
어수선한 방	-1년	애완동물	+2년
비만	-3년	채식	+5년
깡마른 몸매	-1년	낮잠	+2년
패스트푸드	-4년	스트레칭	+2년
너무 심한 운동	-2년	건강한 성생활	+2년
나쁜 자세	-2년	건강한 이와 잇몸	+2년
장시간 텔레비전 보기	-8년	전망 좋은 방	+2년
수면 부족	-5년	건강한 가족	+2년
소음 공해	-1년	포도즙	+3년

아프면
하프타임도 귀찮다

> 건강이란 완전한 신체적·정신적·사회적 안녕의 상태를 말한다.
> 단지 질병이 없거나 허약하지 않은 것만을 말하지 않는다. 건강은 생존의
> 목적이 아닌, 일상생활에 잘 대처할 수 있는 능력으로 신체 역량뿐 아니라
> 사회적·개인적 대처 능력을 강조하는 긍정 개념이다.
>
> — 위키 백과

건강에 유난히 신경 쓰는 사람들이 있다. 성남에서 갈비집을 운영하는 황우석 씨가 그렇다. 그는 몸에 조금만 이상이 있어도 바로 병원에 달려온다. 세 군데 이상의 병원을 돈 다음, 모두 이상이 없다는 말을 들어야 안심한다. 좋다는 건강식품은 모두 찾아서 복용하고 계절마다 보약을 챙기는 것은 기본이다. 이 정도

의 건강불안증은 일종의 강박이다. 이런 건강불안증은 오히려 다른 병을 키우기도 한다.

그런데 건강불안증보다 더 나쁜 게 건강자만증이다. 건강자만증은 중병으로 이어지는 경우가 허다하다. 이현세 씨는 통신회사의 부사장이었다. 개천에서 용 난 격으로 오로지 자신의 능력만으로 최고위직까지 올랐다. 건강을 자신하고 술자리에서도 끝까지 자리를 지키는 것으로 유명했다. 그런데 어느 날 갑자기 황달이 생겨서 병원에 갔더니 간암으로 판명되었다. 암으로 확진되기 전부터 몸의 이상을 감지했지만, 정신력으로 이길 수 있다고 생각했다. 건강자만증은 자수성가한 사람들에게 많이 나타난다. 험한 세상을 자신만을 믿고 살아 왔기에 자신의 건강에 대해서도 맹신한다.

고혈압, 당뇨병, 암 등은 문명사회의 소산물이 아니다. 불합리한 식생활과 음주, 흡연, 운동 부족과 심리적 불안정 등 반문명적인 생활 방식으로 생기는 병이다. 그래서 올바른 생활 습관이 중요하다. 생활 습관병이 중증 질환으로 발전하는 예는 무수히 많다. 중증 질환은 우리의 모든 삶을 순식간에 뒤흔들어 버린다. 그런 점에서 예방할 수 있는 것은 예방하고, 점검할 수 있는 것은 점검하는 것이 현명하다. 20세기 의학이 '치료'에 관심을 기울였다면 21세기 의학은 '예방'과 '건강 자체'에 주목하고 있다.

"만사가 귀찮아." 올해 마흔 고지에 오른 김창남 씨의 입버릇이다. 발가락 무좀부터 무릎의 관절염, 그 위로 전립선 비대와 협심증까지. 그야말로 '걸어 다니는 병원'이다. 몸이 불편하니 일도 귀찮고, 애들도 귀찮고, 밥 먹는 것도 귀찮다고 한다. 30대만 해도 체력이 천하장사였는데, 어느 틈에 저질 체력의 선두주자가 되었다. 20대에는 알지도 못했던 다양한 질병이 몸을 협공한다. 아프면 하프타임도 귀찮다.

중국 한나라 말기의 전설적인 명의 화타는 가장 좋은 의사는 병에 걸리지 않게 하는 의사라고 했다. 병에 걸리기 전에 정기적으로 검진을 받고 예방에 관심을 가져야 한다. 100세까지 건강하려면 60세 이전에 중증 질환을 피해야 한다.

건강 100세를 사는 네 가지 상식은 다음과 같다. 첫째, 생선과 육류, 채소, 버섯을 늘 골고루 먹어야 한다. 둘째, 늘 평화로운 마음을 가져야 한다. 감사가 평화의 열쇠다. 셋째, 평균 체중을 늘 유지한다. 먹는 만큼 움직이면 된다. 넷째, 40대가 되면 6개월~1년에 한 번씩 건강검진을 받도록 한다.

건강에 당장 이상이 없는 사람들은 자신의 체력을 20대로 착각하는 경우가 많아 건강을 과신한다. 어느 날 갑자기 동창이 암으로 사망하거나 뇌졸중으로 병원에 입원했다는 소식을 들었을 때만 잠시 긴장하고 자신의 건강을 체크할 뿐이다.

40대부터는 암을 비롯한 각종 성인병으로부터 자유로울 수 없다. 오염된 먹을거리와 공해와 스트레스에 오랫동안 노출된 대한민국 국민은 누구나 질병이 잠복하고 있다고 봐야 한다. 우리나라 암 발생률은 남자는 3명 중 1명, 여자는 5명 중 1명이다. 그러므로 정기적으로 검사를 받아 무엇이든 조기에 발견해야 한다.

1년에 한 번씩 건강검진을 받으려면 비용이 만만치 않다. 하지만 건강검진을 통해 질병을 조기에 발견하면 그것은 오히려 저축하는 것과 같다. 40대 이후에 발생하는 질병의 치료는 곧 돈과 연결되므로 건강검진이 현명한 '헬스테크'이자 '재테크'인 셈이다.

TIP! 하프타임 맞춤 건강검진

30대

1. 35세 이후에는 매년 간 검사를 받는다. 특히 B형 또는 C형간염 보균자나 만성 알코올성 간질환인 경우는 35세 이후부터 간암 발생이 증가한다. 따라서 35세 이후부터 6개월에 한 번씩 복부 초음파검사를 받는다.

2. 여성의 경우, 30대 이후에는 1~2년마다 유방 검사를 한다. 유방암에 걸린 가족이 있거나 평상시 지방질을 많이 섭취한다면 더 자주 검

사받아야 한다.

3. 30대 이후에는 고지혈증, 흡연, 당뇨병, 심장병 가족력 중 2개 이상 해당되는 사람은 심전도 또는 운동을 하면서 혈압, 맥박, 심전도의 변화를 관찰하는 운동 부하 검사를 받는다.

40대

1. 여성의 경우, 유방에 대한 자가검진을 시행하고 유방 엑스선 검사를 1~2년마다 한다.

2. 비만하거나 당뇨병 가족력이 있는 경우에는 혈당 검사를 받는다.

3. 연 1회 위내시경 또는 위투시 검사를 받고, 3년 연속 정상이면 2~3년에 1회씩 검사한다. 단, 위에 용종이나 염증이 있고, 만성위염 중 위암의 전 단계인 장생피화생이 있는 사람 그리고 가족 중에 위암 환자가 있으면 매년 위 내시경이나 위 투시 검사를 받는다.

4. 관상동맥질환으로 인한 돌연사가 증가하는 시기다. 45세 이상 남자의 경우 고지혈증, 흡연, 당뇨병, 심장병 가족력 중 두 개 이상 해당되는 사람은 심전도 또는 운동 부하 검사를 받는다.

5. 흡연자는 매년 정기적인 흉부 CT 검사를 받는 것이 좋다

6. 대장암의 경우 45세 이전에는 직장경 검사를, 45세 이후에는 대장 내시경 검사를 받는다.

습관·가족력에 따른 건강검진

담배를 장기간 피운 사람은 흉부 엑스선 촬영 외에 흉부 CT를 찍는 것이 좋다. 단순히 엑스선 촬영만으로는 5밀리미터 이하의 암종을 발견하기가 힘들다. 요즘은 방사선 피폭량이 일반 흉부 CT보다 삼 분의 일로 낮고, 3밀리미터 정도의 작은 암 덩어리도 찾아낼 수 있는 저선량 흉부 CT가 각광받고 있다. 하루 1갑 이상, 20년 넘게 흡연한 45세 이상은 6~12개월에 한 번씩 정기검진을 받는 것이 좋다.

고지혈증과 당뇨, 비만 등의 가족 병력이 있다면 혈당과 혈압 검사를 1년에 2회 정도 받아야 안심할 수 있다. 술을 지나치게 즐기는 사람이나 B형·C형 간염 바이러스 보균자는 6개월에 한 번 복부 초음파 검사와 혈액 검사를 통한 혈청알파태아단백질AFP 검사로 간 기능을 체크해야 한다.

가족 중 암 환자가 있다면 정기검진을 통해 조기에 발견하는 것이 무엇보다 중요하다. 암 가족력이 있으면 통상적인 암 발생 나이보다 일찍 정밀 검진을 받는 것이 좋다. 특히 대장암은 대변 잠혈 검사나 직장경 검사만으로는 발견하기 어렵다. 가족력이 있다면 매년 대장 내시경 검사를 따로 받는다. 유방암 가족력이 있다면 방사선에 노출되는 유방 촬영(맘모그램)보다 정확한 유방 초음파가 좋다.

40대는 신진대사량은 적지만 경제적 여유로 잘 먹게 되고, 과중한 업무로 규칙적인 운동도 어려워 쉽게 비만이 된다.

'중년살'은 주로 복부에 몰리는데 단순히 몸무게 증가보다 복부 내장 비만이 위험하다. 몸무게보다 허리둘레를 체크해야 한다. 보기에는 날씬해도 내장 비만인 경우가 제법 있다. 이 나이에는 떨어지는 체력을 먹는 것으로 보충하려는 심리가 생긴다. 체력이 예전 같지 않다고 고기 위주의 고열량 식사와 건강식품, 보약 같은 것을 과용하는 것은 어리석은 행동이다. 오히려 소박한 식사를 통해, 들어오는 에너지와 나가는 에너지의 비율을 맞춰야 한다.

복부 비만을 부르는 습관은 다음과 같다. 일주일에 2회 이상 과음을 하고, 아침을 거르고 저녁은 8시 이후에 먹는다. 달거나 짠 음식을 좋아하고, 커피믹스를 하루 4회 이상 마신다. 식사 시간이 불규칙하고 식사를 20분 이내에 빨리 끝낸다. 또한 식후 1시간 내에 잔다. 이런 습관들은 반드시 복부 비만을 부른다.

"암에 걸리지 않는 비법이 무엇이냐?"는 질문을 종종 받는다. 나는 바른 생활 습관이 최고라고 늘 대답한다. 사소한 습관이 수명을 결정하고 앞으로 남은 삶의 질을 결정한다.

건강을 유지하기 위해 어떤 습관을 가져야 할까?

첫째, 아주 작은 아픔에도 민감해야 한다.

모든 병에는 사전 신호가 있다. 암도 그렇다. 예를 들어 두통, 소화불량, 더부룩함, 어지럼증과 같은 작은 증상이 신호다. 대부분 암같이 큰 병은 처음부터 크게 아플 것이라고 생각하는 이가 많다. 그러나 모든 병은 사소한 증상에서 시작된다는 것을 명심해야 한다.

특히 암은 몇 가지 경고를 보낸다. 소변이나 대변 습관의 변화, 좀처럼 낫지 않는 부기, 체중 저하, 비정상적인 출혈이나 분비물이다. 또는 유방이나 여타 부위의 덩어리, 소화불량 또는 삼키기 어려움, 사마귀나 점의 분명한 변화, 기침이나 쉰 목소리가 계속된다면 반드시 의사를 찾아가야 한다.

둘째, 수명을 갉아먹는 습관을 바꿔야 한다.

우리나라 직장인 라이프스타일 중 가장 위험한 습관은 술과 담배와 회식이다. 술은 지방간을 포함한 여러 질병을 부르고, 칼로리가 높아 내장 비만을 촉진시킨다. 담배 역시 폐암, 식도암, 고환암 등 많은 암을 유발한다. 세계보건기구는 2020년에는 흡연자 비율이 전체의 12퍼센트를 넘어서 매년 1천만 명이 희생될 것으로 전망하고 있다. 이는 에이즈, 결핵, 교통사고, 자살, 분쟁 학살 등에 의한 사망자를 모두 합친 것보다 더 많은 수치다. 특히 술과 담배를 같이할 경우는 아주 해롭다. 대한민국 직장의 회식 문화는 술과 담배에 절어 있다. 내가 만난 암 환자 중 40~50대 남성들은 자욱한 담배 연기와 기름진 안주 등의 회식으로 건강을 해치고 있었다. 술과 담배 대신 몸에 좋은 음식을 먹으며 대화를 나누고 좋은 전시회나 공연을 함께 관람하는 등 회식 문화를 바꾸는 것이 필요하다.

약을 없애는
소박한 밥상

내 입으로 들어가는 것이 내 뒷구멍으로 나오는 것이오니
오늘 내가 눈 똥을 보고 어제 내가 먹은 것을 반성하게 하옵시고
남의 것을 빼앗아 먹지는 않았는지
일용할 양식 이외에 불필요한 것을 먹지는 않았는지
이기와 탐욕에 물든 것을 먹은 것은 없는지
오늘 내가 눈 똥을 보고 어제 내가 먹은 것을 묵상하게 하옵소서.

— 채희동 목사 〈똥 누며 드리는 기도〉 중에서

웰빙 광풍이다. 요가나 필라테스를 하고 유기농 식재료로 만든 음식을 먹는 것이 웰빙이라고 착각한다. 서민은 엄두도 못내는 웰빙이다. 웰빙은 현대 산업화의 병폐에 지친 몸과 정신의 건강을 조화롭게 하기 위해 나타난 삶의 양식이다. 그런데 어느덧

웰빙 자체가 산업이 되었다.

 기본적인 것만 잘 지켜도 건강은 유지된다. 나의 건강 유지법은 매우 간단하다. 이름 하여 '5기 건강법'이다. 나는 5기 건강법을 암 환자에게도 적극 권장한다. 이해인 수녀가 암 투병 중이라는 소식을 듣고 격려의 서신을 보내면서 5기 건강법을 소개했다. 이해인 수녀는 고통 중에도, 5기 건강법이 도움이 되었다는 답장을 보내 주었다.

 5기 건강법은 다섯 가지에 충실한 건강법이다.

첫째, 제대로 먹고 제대로 배출하기

 좋은 것을 골라 먹는 것이 필요하다. 하지만 제대로 먹고 배설하기 위해서는 골고루 먹고 꼭꼭 씹어야 한다. 물론 과음, 과식, 폭음, 폭식을 삼가고 술과 담배를 하지 않아야 한다. 식사는 제시간에 하고, 아침에 꼭 용변을 보고 소변을 참지 말아야 한다.

둘째, 제대로 숨 쉬기

 깨끗한 공기는 건강의 필수다. 도심은 오염된 공기의 온상이다. 시간을 정해 공기가 좋은 곳으로 산책하거나 등산을 하면서, 숲 속 호흡을 즐겨야 한다. 숲 속 식물들은 각종 항균성 물질인 피톤치드를 발산한다. 피톤치드는 스트레스를 해소하고 장과 심폐기능을 강화하며 살균 작용도 한다.

셋째, 제대로 움직이기

승부를 가르는 격렬한 운동보다 산책이나 조깅이 좋다. 또 실내보다 자연 속에서 뛰는 것이 몸을 한결 살린다. 부득이하게 밖으로 나갈 수 없다면 실내에서라도 끊임없이 몸을 움직이고, 스트레칭을 하면 효과가 크다. 국민체조도 훌륭한 운동이다.

넷째, 제대로 쉬고 잠자기

피로는 만병의 근원이다. 피곤하면 쉬거나 잠을 자야 한다. 편안한 잠만큼 훌륭한 치유는 없다. 영국의 윈스턴 처칠의 건강 비결은 점심 후 1시간 동안, 저녁 전 2시간 동안 낮잠을 즐기는 것으로 건강을 유지했다. 그는 제2차 세계대전을 치르면서도 낮잠을 잤다고 한다. 미국의 석유 왕 록펠러는 50대에 암 진단을 받고도 98세까지 건강하게 살았다. 그의 장수 비결 역시 점심 후 30분의 낮잠이었다. 낮잠 시간에는 대통령도 록펠러를 불러내지 못했다는 일화는 유명하다. 낮잠은 스트레스를 덜고 판단력, 기억력, 참을성을 향상시킨다는 연구 결과도 있다.

다섯째, 제대로 마음 다스리기

화, 불평, 불만, 시기, 미움, 질투, 증오, 저주 등을 멈추는 것이다. 건강, 가족, 신앙을 돌아보고 빈손으로 돌아갈 죽음을 떠올리며 감사하는 마음으로 사는 것이다.

5기 건강법이 별것 없다고 말하는 이도 있다. 맞는 말이다. 별것 없는 기본을 지키는 것이 건강을 위한 쉽고 바른 길이다.

TIP! 마음을 다스려 주는 스트레스 관리 십계명

1. 상상으로 미리 걱정하지 말라. 너무 많은 것을 상상하며 스스로 스트레스를 주는 일이 없도록 한다. 일어나지도 않은 일에 대해 미리 걱정하는 것은 어리석다.

2. 사람들과 대화하라. 사람들과 이야기를 나누다 보면 긴장감이 해소되고 근육이 이완되면서 스트레스가 날아간다. 그래야 화병이 생기지 않는다.

3. 다른 일로 관심을 돌려라. 운동을 한다든지, 그림을 감상한다든지, 책을 본다든지, 여행을 떠나라.

4. 라이프스타일을 바꿔 보라.

5. 적당한 운동을 하라.

6. 우선순위를 정하라. 우선순위가 흐트러지는 데서 상당한 스트레스를 받을 수 있다. 일단 우선순위를 정하면 잠시 쉴 수 있는 여유 시간도 만들 수 있다.

7. 묵상하라. 1분만 묵상해도 스트레스를 줄일 수 있다.

8. 봉사자가 되라. 타인을 섬기고 이기심을 버리면 스트레스도 사라진다. 스트레스는 자기중심으로 살아가기 때문에 오는 것이다.

9. 말을 줄이고 기도로 풀라. 말을 거침없이 내뱉으면서 스트레스를 푸는 것은 올바른 방법이 아니다. 말을 통해서 스트레스를 풀 경우 오히려 각인이 되는 역효과가 나타날 수 있다.

10. 자신만의 스트레스 대처법을 개발하라. 어떻게 했을 때 스트레스가 잘 풀렸는지 기억해 두었다가 스트레스가 쌓일 때마다 그 방법을 활용한다.

· ·

건강을 지키기 위해서는 반드시 규칙적인 식사를 해야 한다. '우리 몸은 우리가 먹은 음식으로 이루어진다'는 말처럼 식 습관과 질병 발생의 상관성은 의학계를 비롯한 전문가들의 공통 의견이다. 실제로 암의 30퍼센트는 잘못된 식 습관이나 식품과 관련이 있다. 이는 흡연으로 인한 암 발병률과 거의 맞먹는 수치다.

특히 먹을거리와 관련한 사건 사고가 끊이지 않으면서 안전한 먹을거리에 대한 관심이 커졌다. 하지만 나는 암 환자들에게도 특별한 식단을 강조하지는 않는다. 암 환자는 골고루 먹어야 한다. 아무리 좋은 음식이라도 한 가지만 먹으면 결과적으로 몸에 좋지 않다.

좋은 밥상은 '예수의 밥상'이다. 예수의 식탁에는 특별식이 별로 없었다. 오히려 가난한 가정의 식탁이었다. 건강한 식탁의 기본은 소박하게 먹는 것이다. 또한 예수가 최후의 만찬을 열두 제자와 함께 한 것처럼 식사는 여럿이 하는 것이 좋다. 가족과 함께 하는 식사가 제일이다.

5기 건강법을 기본으로, 몇 가지 식사 규칙을 정해 두는 것도 좋다. 시간을 두고 생활 습관을 다시 조율하면 우리 몸을 살릴 수 있다. 현대인들은 몸에 좋다는 건 다 먹으면서도 덜컥 병에 걸린다. 원인은 식사 패턴에 문제가 있기 때문이다. 예전과 비할 수 없는 과학시대에 살면서도 식사 패턴은 비과학적이다.

좋은 식사 습관은 다음과 같다.

첫째, 규칙적으로 식사한다.

신체리듬에 맞춰 규칙적으로 하루 세 끼를 먹는 것이 중요하다. 특히 아침밥은 건강을 위한 첫 걸음이다. 아침밥을 먹지 않으면 점심까지의 공복 시간이 약 17시간이나 된다. 공복이 길면 장기간 저혈당 상태에 있게 된다. 혈당치가 낮아지면 무기력해지고 집중력이 떨어진다. 점심이 가까워질수록 짜증이 늘어나고, 업무를 하면서 실수가 생긴다. 생리적인 면에서도 갈증이 심하고 손발에 땀이 나며, 맥박과 호흡수도 증가한다. 아침밥을 먹어야 두뇌 회전이 잘 되는 이유가 바로 이 때문이다. 또 위는 특정한 시간이 되면 소화시킬 무언가를 기다린다. 그때가 되면 소화액이 계속해서 흘러나오는데 이때 위 속에 음식물이 없으면 소화액이 위를 녹여 위염이나 위궤양 등으로 발전한다.

아침밥을 먹는 사람과 먹지 않는 사람을 비교한 결과, 아침 식사를 하는 사람이 심장병이나 당뇨병과 같은 성인병을 앓을 위험이 적고 비만 가능성도 30~50퍼센트 더 낮다는 연구 결과가 있다. 아침 식사는 균형 잡힌 식단으로 소식하는 게 이상적이다. 반끼가 좋다. 식욕이 없거나 시간이 없다면, 주스나 우유 등을 마셔도 좋다. 굶는 것보다 훨씬 낫다.

둘째, 즐겁게 먹는다.

스트레스를 많이 받을 때는 식사하는 것을 삼가야 한다. 여럿이 웃으면서 나누는 식사는 정신적 스트레스를 풀어 주고 심리적 안정을 찾아 준다. 그런 면에서 혼자 먹는 것은 좋지 않다. 보통 혼자 먹는 경우에는 밥 먹는 속도가 빨라져 인슐린 분비가 촉진된다. 인슐린 분비는 비만을 부추기는 원인이 된다.

이유 없이 식욕이 떨어지는 법은 없다. 의식을 하지 못하고 있을 뿐 스트레스를 받거나 걱정거리가 있다는 증거다. 회사 일로 스트레스를 많이 받는 직장인에게 위궤양 등 위장 질환이 많은 것은 이 때문이다. 소화는 위장이 아니라 마음이 하는 것이다. 마음이 편하면 얼굴이 펴지는 것처럼, 위의 주름도 펴진다. 우리 몸은 기분이 좋아야 위장이 활발하게 움직이고 위액 분비도 왕성해진다. 위벽의 혈액순환도 좋아진다. 즐거운 상대가 훌륭한 밥이고 부담되지 않는 화제가 좋은 반찬이다.

셋째, 균형 잡힌 식사를 한다.

탄수화물, 단백질, 비타민, 무기질, 지방의 5대 영양소와 물은 반드시 필요하다. 균형 잡힌 식사를 하려면, 다양한 식품을 선택해 부족한 영양소가 없도록 해야 한다. 물은 하루에 8컵 정도가 좋다. 즉 1.5리터 정도가 적당하다. 8컵 정도를 마셔야 신진대사가 활발해지고 장의 흡수 작용과 찌꺼기를 배출하는 작용이 원활해진다. 단, 하루 권장량을 채우기 위해 무턱대고 마시는 것은 곤란하다. 체질이나 건강 상태에 따라 물의 양은 달라야 한다. 쉽게 판단할 수 있는 방법은 소변 색깔이다. 소변 색깔이 맑게 나올 정도로 수분을 섭취하는 것이 좋다. 소변 색깔이 탁하면 물의 양을 늘리도록 한다.

넷째, 천천히 꼭꼭 씹어 먹는다.

요즘 직장인의 점심 풍경을 보면 메뉴를 주문해서 20분을 기다린 후 10분간 먹는다. 우리 몸은 식사를 하고 최소한 20분이 지나야 혈당이 올라간다. 혈당의 농도가 130~170mg/dl 정도 올라야, 식욕을 조절하는 만복중추가 자극을 받아 그만 먹으라고 신호를 보낸다. 식사 시간이 30분은 되어야 과식을 막을 수 있다.

식전에 물이나 과일을 먹으면 빨리 먹는 습관을 고칠 수 있다. 식사하기 30분이나 1시간 전에 물이나 과일을 먹으면 포만감이 생긴다. 그리고 위장 운동을 촉진시켜 소화도 잘 된다. 우리 조상은 식이섬유가 풍부한 거친 음식을 먹었다. 하루에 6,000번을 씹었다. 요즘 사람들이 평균 200번을 씹는다고 하니 소화가 안 되는 것은 당연한 결과다. 소화만이 아니다. 씹지 않으면 우선 세로토닌이 덜 분비된다. 세로토닌은 뇌의 신경전달물질이다. 시카고 대학의 정신과 교수인 에밀리 코카로의 발표에 따르면, 걸핏하면 폭력을 휘두르는 사람, 우울증이나 중독성 기질이 있는 사람의 척수액을 조사해 보면 세로토닌의 대사산물이 감소되었다고 한다. 씹지 않으면 뇌의 활동도 저하된다. 실제로 뇌에 전달되는 운동 정보는 씹는 운동이 50퍼센트, 팔다리 운동이 각각 25퍼센트를 차지한다. 또 잘 씹으면 머리가 좋아지고, 파로틴 분비가 왕성해져 노화도 방지된다. 파로틴은 신진대사를 원활하게 하고 뇌도 자극하여, 노화방지에 효과적이다. 치아는 32개다. 32번은 씹어야 한다는 얘기다. 한 입에 32회씩만 씹어도 우리 몸은 몰라보게 달라진다.

다섯째, 자연식이 좋다.

인스턴트 음식과 가공식품은 피해야 한다. 가공식품에는 착색제, 보존제, 방부제, 강화제, 유화제, 안정제, 살균제, 발색제 등 80여 가지 식품첨가물이 들어 있다. 이런 식품첨가물들은 면역계에 영향을 미친다. 자연식과 제철식이 건강식이다. 된장, 청국장, 김치 등 우리 고유의 먹을거리로 돌아가야 한다. 흙 속의 박테리아는 땅을 기름지게 하고 씨를 발아하게 한다. 농약은 박테리아를 없애 땅을 죽게 한다. 박테리아가 많은 땅에서 자란 식품은 엔자임이 풍부하다. 엔자임은 우리 몸이 산성화되는 것을 막아 준다. 노화를 방지하고 질병을 예방하는 데 필수적인 요소다. 채소와 고기는 85 대 15가 가장 이상적이다. 고기를 두 점 먹었다면 채소는 여덟 젓가락을 섭취해야 한다. 이 황금 비율만 지켜도 생활 습관병은 눈에 띄게 줄일 수 있다.

활성산소 덩어리인 산화 음식도 피해야 한다. 회식이 잦은 직장인은 활성산소에 거의 무방비로 노출되어 있다. 기름은 산소와 만나면 쉽게 산화되는 물질이다. 꼭 먹고 싶다면 조리한 즉시 바로 먹어야 한다. 과일도 껍질째 먹는 것이 좋다. 과일에는 비타민C, 베타카로틴, 라이코펜, 셀레늄, 안토시안, 폴리페놀 등 활성산소를 억제하는 항산화제가 함유되어 있다. 특히 과일 껍질에 풍부하게 들어 있다. 흰쌀이나 흰 밀가루처럼 정제된 식품도 산화가 빠르게 일어난다.

TIP! 타임지가 선정한 10대 건강식품

1. 시금치

시금치는 철, 비타민B, 아미노산 등이 풍부하게 들어 있다. 신경계통을 튼튼하게 하고, 심장병과 관계 있는 혈관에 염증이 생기는 것을 막아 준다. 영양분이 많은 뿌리까지 조리해 먹는다. 변비 예방에도 좋다.

2. 마늘

마늘은 심장병 예방과 항박테리아, 종양 억제 등에 탁월한 효능이 있다. 마늘에 있는 알리신은 두뇌 발달에 효과가 크고 혈액순환을 촉진한다. 기미, 주근깨, 잔주름 예방에도 효과가 있다.

3. 땅콩, 호두, 아몬드 등 견과류

견과류는 노화 방지에 뛰어나고 심장질환 예방에 효과가 크다. 두뇌 발달에 필수인 필수지방산이 풍부해서 어린이들에게 좋다. 견과류에 있는 엘라그산은 암 자살 세포를 활성화해 암 환자에게 유익하다.

4. 귀리

귀리에는 콜레스테롤을 제거하고 혈압을 낮추는 성분이 들어 있다. 식물성 섬유도 풍부하다. 변비 예방 식품이다.

5. 포도즙

포도 껍질에는 노화를 방지하는 안토시안, 폴리페놀 성분이 다량 함유되어 있다.

6. 브로콜리

브로콜리는 칼슘과 비타민C가 많다. 설포라판 성분이 있어 유방암, 대장암, 위암 등의 발생을 억제한다. 살짝 데쳐 먹는 것이 좋다.

7. 머루

머루는 대표적인 알칼리 식품으로 독소를 중화시키고 해독시킨다. 머루는 피를 맑게 해준다. 머루에 있는 칼슘과 인은 어린이 성장 발육에 큰 도움을 주고 피부 미용에도 효과가 있다.

8. 녹차

녹차는 비타민 C보다 100배나 강한 항독 작용을 하는 폴리페놀이 다량 들어 있다. 폴리페놀은 종양 발생을 초기에 억제하고 위, 간, 심장

질환이나 각종 암을 예방하는 효능이 있다. 성인병과 노화를 진행시키는 과산화 지질의 생성을 억제하며, 피 속에 있는 콜레스테롤을 줄여 준다. 또한 담배의 니코틴 성분을 줄여 준다. 흡연자들은 반드시 섭취해야 할 식품이다.

9. 토마토

대표적인 자연 피로 회복제로 라이코펜 성분이 많다. 전립선 암과 소화기계통 암을 예방한다. 더욱이 토마토는 소화를 돕고 산성식품을 중화시켜 육식이나 산성식품을 먹을 때 함께 먹으면 소화력을 높여 주고 체질의 균형을 잡아 준다. 골다공증과 치매 예방 효과도 있다.

10. 연어

연어에는 오메가3로 알려진 지방산이 다량으로 함유되어 있다. 지방산은 면역 결핍 질환을 막아 류머티즘 질환의 일종인 루프스를 막아 준다. 노인성 치매도 방지해 준다. 비타민A가 풍부해서 감기에 잘 걸리고 눈이 쉽게 피로해지는 사람들, 피부가 지나치게 건조한 사람들에게 좋다.

· ·

5기 건강법과 하프타임 식사법을 습관화하기 가장 좋은 것이 가정 식사다. 나는 직장 때문에 점심은 외식을 하지만, 아침은 반드시 아내와 함께 먹고, 저녁도 집에서 먹는 것을 원칙으로 한다. 요즘은 아내에게 식사를 챙겨 달라는 남편은 후환을 두려워해야 한다지만, 고맙게도 내 아내는 아직 별다른 구박 없이 식사를 차려 준다. 흑미나 현미를 넣은 색깔 밥과 기본 찬으로 시금치와 콩자반 등을 꼭 준비해 준다. 맛보다는 건강에 초점을 맞추기 때문에 식탁에는 항상 푸른 초장이 펼쳐진다. 그런데 집 밥이 익숙해지면 외식이 괴롭다. 조미료의 느끼함을 견딜 수 없기 때문이다.

우리 가족은 식탁에 모이면 늘 기도한다. 기도를 하면서 아내의 수고와 자연의 고마움을 깨닫는다. 아이들에게 특별한 밥상 교육을 하지 않았지만, 기도를 하고 식사를 하니 쌀 한 톨도 귀하게 여긴다. 그리고 우리는 수다스럽게 식사를 한다. 우리 가족이 가장 활기차게 대화를 하는 곳이 밥상이다. 식사를 할 때는 육각을 활용하는 것이 좋다. 육각이란 미각, 후각, 시각, 촉각, 청각, 생각이다. 밥상에서는 보고 냄새 맡고 먹는 것은 물론이고, 생각을 나누고 귀를 기울이며 공감해야 한다.

현대인들은 너무 바쁘다. 가족 공동체라고 하지만 일주일에 한 번 눈 마주치는 것도 쉽지 않다. 분주할수록 마음을 나누어야 한다. 식사 중에 아이들이 말을 많이 하면 흔히 부모들은 "입 다물고 밥이나 먹어라"라며 꾸중한다. 하지만 입 다물고 어떻게 밥을 먹을 수 있겠는가? 굳이 시간을 내어 아이들을 상담하지 말고, 밥상에서 대화하는 습관을 들여야 한다.

우리 집안의 불문율 중에 하나는 '밥상에서는 재미있는 얘기만 한다'는 것이다. 어두운 이야기는 소화에 지장을 준다. 고민과 슬픔은 밥상을 물린 후 하는 것이 건강에 좋다.

가정 식사는 가장 좋은 밥상이지만 대부분 가정에서 식사를 맡는 아내들은 부담을 많이 느낀다. 특히 한식은 손이 많이 가는 음식이다. 조리나 설거지를 도와주거나 고마움을 적극적으로 표현하면 아내 손이 춤을 춘다.

가정 식사에서 주의할 점은 염분을 줄이는 것이다. 맛있다고 생각되는 정도의 국이나 찌개에는 기준 이상의 염분이 들어간다. 미국이나 유럽 사람들의 1일 평균 염분 섭취량은 10~12그램인 반면 한국인의 염분 섭취량은 20~30그램이나 된다. 짠 음식은 고혈압과 위암을 유발하는 요인이다. 소금으로 간을 맞춰야 할 때는 천일염을 사용하는 것이 좋다.

단맛도 줄여야 한다. 스트레스가 많으면 단맛을 많이 찾게 된다. 뇌 기능을 자극하는 세로토닌은 운동을 하거나 자극적이고 단 음식을 먹을 때 분비된다. 운동으로 세로토닌이 분비되려면 시간이 걸리지만, 단 음식은 먹자마자 흡수되어 바로 기분이 좋아진다. 그래서 설탕을 먹으면 뇌가 자극되고 엔돌핀이 분비되어 일시적으로 기운이 나는 것이다.

설탕의 하루 섭취 권장량은 성인의 경우 자신의 체중 1킬로그램당 0.5그램이다. 체중이 60킬로그램이라면 30그램 이하로 섭취해야 하는데, 청소년이 즐겨 마시는 청량음료 한 병(20~25그램)으로도 하루 권장량이 초과된다. 설탕을 완전히 끊기는 어렵다. 그러나 조리를 할 때 최대한 설탕을 피하고 양파나 과일즙, 배즙 등을 통해 단맛을 대체해 나가는 것이 좋다. 설탕 대신 꿀을 사용하는 것도 권한다. 꿀이나 물엿은 정제와 가공 과정이 적어서 비타민과 무기질이 풍부하다. 또 첨가물도 적기 때문에 해로운 물질도 적다. 그러나 이것 역시 많이 먹으면 좋지 않다.

가끔은 즐거운 마음으로 외식하는 것도 좋다. 아내가 가사에서 해방될 수 있도록 외식을 하되, 이때도 조미료를 덜 쓰거나 친환경적으로 조리하는 식당을 선택한다.

일본에서 전통식품 살리기에 힘쓰고 있는 아베 스카사가 식생활의 모토로 삼고 있는 것이 '소전박싱'이라고 한다. 소식(소), 전통식(전), 소박한 식사(박), 싱거운 맛(싱)이 소전박싱이다. 전통식으로 싱겁게 만들어서 소박하게 조금씩 먹는 것이 건강하게 사는 방법이라는 것이다. 소전박싱을 실현할 수 있는 곳은 가정이다.

돈 벌고 꿩 먹는 습관, 운동

> 당신의 습관을
> 최대한 다스리십시오.
> 그렇지 않으면
> 그것들이 당신을 지배하게 됩니다.
>
> ─ 작자 미상 〈아름다운 인생을 위하여〉 중에서

나는 운동 신경이 둔한 편이다. 간혹 축구나 농구처럼 격한 운동 시합이 있으면 대부분 즐겁게 응원만 할 뿐이다. 그럼에도 건강하다. 틈이 날 때마다 맨손 체조를 하고, 아내와 산책을 즐기기 때문이다. 계단을 오르내릴 때도 팔다리를 크게 움직인다.

전 국민의 웰빙화와 몸짱화로 운동 인구가 늘어난 듯하다. 하지만 얼마 전 정부 발표를 보니 일주일에 닷새 이상, 한 번에 30분 이상 걷는 사람은 2001년 75.6퍼센트에서 지난해 45.7퍼센트로 크게 줄어들었다. 원인은 하나다. '시간이 없다'다. 환자에게 운동 처방을 내려 해도 같은 이유로 난색을 표한다.

운동은 체력뿐 아니고 면역력을 강하게 하며 혈액순환도 돕는다. 그리고 뇌기능을 촉진시켜 긴장감을 완화하고, 스트레스를 줄여 음주와 흡연 욕구를 감소시킨다.

대부분의 질병은 운동을 통해 예방되고 치유된다. 그래서 중년 질환에 빠지지 않는 처방이 운동이다. 진료비만 따지면 중증 질환이 잦은 60대가 40대보다 의료비가 많이 든다. 그러나 40대에 병이 생기면 경제 활동을 할 수 없어지면서 소실 비용이 높다. 또한 40대는 60대보다 생존 기간이 긴 만큼 의료비 지출 기간도 길어진다. 40대에 건강을 잃으면 손실이 더 크다. 그런 점에서 40대는 운동을 선택이 아닌 필수로 해야 한다.

많은 사람들이 어떤 운동을 할 것인가에 관심을 갖고 있다. 그러나 사실은 운동 종류보다 강도를 조절하여 꾸준히 하는 것이 더욱 중요하다. 자기 체력에 맞고 꾸준히 할 수 있는 운동을 선택해야 한다. 동호회를 통해 축구나 농구 등의 운동을 즐기고 있지 않다면, 40대는 경쟁적인 종목은 바람직하지 않다. 주 3~5회, 30분~1시간 정도로 땀이 날 정도가 적당하다.

TIP! 나에게 맞는 운동 강도

가장 간단한 방법은 맥박 수를 이용하는 것이다.

최대 맥박 수의 60~80퍼센트 정도가 가장 적합한 운동 강도다.

대개 운동하면서 대화할 수 있는 정도다.

최대 맥박 수 = 220 - 나이

식 습관에 혁명이 필요하듯 운동 습관도 현대인들에게 절대적으로 필요한 과제다. 운동 부족은 생활 습관병의 주된 원인이 된다. 우리 몸은 움직여야만 제 기능을 하도록 되어 있다. 걷기는 최고의 운동이다. 우선 돈이 들지 않는다. 결심을 하고 나서 시간만 내면 된다. 걸으면 뇌가 활발해지고 심장도 튼튼해진다. 심장이 쉬지 않고 움직이기 때문에 운동과 무관한 것처럼 보이지만 심장도 근육이다. 운동을 할수록 심장 근육이 튼튼해진다. 또한 혈액 흐름을 원활하게 하고, 콜레스테롤 수치를 떨어뜨려 혈관 내의 상승된 압력을 낮춘다. 체중 조절과 관절염에도 좋다.

운동 효과를 보려면 적어도 만 보는 걸어야 한다. 출퇴근 시간을 이용해 버스 한 정거장 정도를 걷거나, 가급적 계단을 이용하면 만 보쯤은 걷고도 남는다. 억지로 하면 스트레스가 생겨 운동 효과가 반감된다. 지인과 수다를 떨거나 음악을 들으며 걷는 등 운동이 즐거운 습관이 되어야 한다.

걷기만큼 좋은 운동이 또 있다. 역시 돈이 필요 없는 '스트레칭'이다. 나이가 들수록 몸이 뻣뻣해지고 뼈가 잘 부러지는 것은 유연성이 떨어져서다. 유연성 회복에는 몸을 쭉쭉 늘여 주는 스트레칭이 효자다. 혈액순환에도 좋고 근력을 강화시킨다. 뼈의 밀도도 높여 단단한 뼈를 갖게 한다. 통증 완화에도 효과가 있다.

스트레칭 방법은 부위마다 다르지만 기본 원리는 같다. 근육을 이완·축소시키는 동작을 반복하면 된다. 스트레칭은 하루 20분씩 매일, 바른 자세를 유지하고 정확하게 호흡하며 한다. 언제 어디서나 쉽게 할 수 있어 아주 이상적이다. 지금 당장, 몸을 쭉쭉 늘렸다가 줄여 보자. 국민체조도 훌륭한 스트레칭이다.

마흔이 넘으면 무조건 열심히만 하는 운동은 곤란하다. 재테크를 할 때 이것저것 충분히 따진 후 투자하는 것처럼 운동도 깐깐히 살펴야 한다. 40대는 근육량과 근력이 10~20퍼센트 줄어들고 몸도 굳어 심폐지구력, 유연성, 평형감각 등의 기초체력이 8~15퍼센트 떨어진다. 무리한 운동은 몸을 망칠 수 있다.

운동을 잘하기 위해서는 몇 가지 기술이 필요하다.

첫째, 모든 운동 전에는 워밍업과 스트레칭을 반드시 한다. 둘째, 운동의 강도는 낮추고 시간은 늘려 에너지 소모량을 비슷하게 한다. 셋째, 좋은 운동 장비가 있다면 아낌없이 산다. 넷째, 운동 뒤 몸을 세심히 살핀다. 통증과 붓기, 뻣뻣함 등은 운동 강도를 낮추라는 신호다. 다섯째, 운동 강도를 일주일에 10퍼센트 이상 올리지 않는다. 여섯째, 새로운 운동을 시작할 때는 단계를 밟아 가며 한다.

표. 나이대 별 권장 운동법

	30, 40대	50대	60대
몸 상태	30대 초반부터 신체적·생리적 기능 감소 한창 일할 때라서 운동 시간 부족	신체 기능이 급격히 저하되며 성인병이 나타남	체력, 호흡, 심장 기능 감소, 노화현상 뚜렷
근력	중량을 이용한 근력 운동 (주 2일, 15~20분씩)	앉았다 일어나기, 가벼운 아령, 팔굽혀펴기 (주 2일, 20분씩)	가벼운 아령, 한 다리 들고 오래 서있기 (주 2일, 10~15분씩)
심폐 지구력	조깅, 자전거, 계단 오르기, 수영 (주 3일, 30~60분씩)	속보, 자전거, 등산, 골프, 수영 (주 3~5일, 30~40분씩)	걷기, 속보, 수영, 수중 걷기, 산책 (주 3~5일, 30분씩)
유연성	스트레칭 (주 3일 10분)	스트레칭 (매일 20분)	스트레칭 (매일 20분)
목표 심박수	30대 : 133~171 40대 : 126~162	116~149	101~139

불로장수는 인간의 꿈이다. 하지만 요즘 같은 고령화 시대에는 단순히 오래 사는 것이 아니라 '건강하게 오래 사는 것'이 관건이다. 최근 대중의 관심을 받는 것이 뇌 건강과 뇌 운동이다. 몸 운동으로 근육을 키우는 것처럼, 뇌 운동은 뇌 훈련을 통해 뇌신경 세포의 회로를 두껍고 넓게 해 뇌 용량을 키워 주는 운동이다. 건강의 열쇠가 심장에서 점차 뇌로 옮겨지고 있는 추세다.

나이가 들면 뇌의 기능이 퇴화되고, 태어나면서부터 뇌세포 개수가 정해져 있어 나이 들수록 그 수가 줄어든다는 것이 일반적인 통설이었다. 그러나 연구 결과 자주 사용하는 근육은 발달하고 그렇지 않은 근육은 발달이 더딘 것처럼 뇌도 마찬가지라는 주장이 설득력을 얻고 있다. 또한 사람의 뇌세포는 나이와 관계없이 언제든지 늘어날 수 있다는 사실이 발견되면서 뇌 운동에 대한 관심이 고조되고 있다.

뇌 운동과 관련해서 모범이 되는 사람은 범은장학재단 장충식 이사장이다. 2009년 77세의 나이로 서울사이버대학교를 졸업한 장충식 이사장은, 1,528명의 졸업생 중 최고령이었다. 장충식 이사장은 '뇌는 자꾸 쓰다 보면 좋아진다'는 믿음이 있다. 그는 뇌를 좋게 하는 방법으로 두 가지를 제안한다. 하나는 악기이고 다른 하나는 언어다. 악기는 섬세한 손의 감각을 필요로 하기 때문에, 악기를 다루다 보면 자연스럽게 뇌가 발달한다. 그가 다룰 수 있는 악기는 바이올린, 플루트, 아코디언, 파이프오르간 등이다. 매일 악기를 다뤄 연주 솜씨가 수준급이라고 한다. 언어 또한 마찬가지다. 영어, 중국어, 일어, 독일어, 프랑스어를 배우면서 외국어 공부가 두뇌 발달에 좋다는 것을 경험한 그는 현재 스페인어와 스웨덴어까지 배우고 있다.

누구나 네 가지 악기와 대여섯 개의 언어를 익힐 수 있는 것은 아니다. 뇌를 운동시키는 방법은 다양하다. 음악 감상과 꽃 가꾸기 등 오감을 기분 좋게 자극하는 것은 뇌를 깨어나게 한다. 동료들과 즐겁게 낱말 맞추기를 하는 것도 훌륭한 뇌 운동이다. 편안히 앉아 아래윗니를 서로 딱딱 부딪치거나 손가락 끝과 마디를 꾹꾹 눌러주면 뇌가 자극된다. 크게 웃는 것도 뇌에 산소를 불어넣는 좋은 유산소 운동이다. 처음부터 뇌를 혹사하는 것은 좋지 않다. 몸 운동 강도를 몸 상태에 맞추듯이 뇌 운동도 그렇게 해야 한다.

나는 쓰기와 정리하기, 말하기로 뇌 운동을 한다. 서점에 나가 손에 딱 들어가는 노트를 몇 권씩 사다가 생각나는 것을 반드시 메모한다. 그리고 나중에 좀 더 내용을 보강해서 책을 쓴다.

뇌 건강을 위한 몇 가지 브레인 조깅법을 소개하면 다음과 같다.

계산기 대신 머리를 써라.

운동을 하면 근육이 튼튼해지는 것처럼 뇌신경도 적절한 자극을 주면 튼튼해진다. 독서, 글쓰기, 바둑으로 꾸준히 뇌 운동을 하자. 또 퍼즐이나 뜨개질처럼 부지런히 손을 놀리는 것도 좋은 뇌 운동이다. 간단한 계산도 뇌의 유산소 운동이다.

새로운 시도를 하라.

매일 다니는 길 대신 새로운 길로 가보기, 발로 하는 가위바위보, 낯선 음식 먹어 보기, 왼손 써보기, 새 제품 경험하기 등 생활의 작은 변화에 뇌는 신선하게 반응한다.

몸 운동이 뇌 운동이다.

일주일에 세 번, 30분씩 운동하는 것만으로도 학습 능력과 집중력이 15퍼센트 좋아진다. 특히 나이 든 사람일수록 그 효과는 크다. 적당한 운동은 뇌 기능의 감소를 막고 뇌를 젊게 만든다.

뇌에 좋은 음식 vs 나쁜 음식

뇌에 좋은 음식은 뇌에 산소를 풍부히 공급하고, 뇌세포가 파괴되는 것을 막는다. 대표적으로 채소와 과일, 초콜릿, 차가 있다. 반면 설탕이나 지방이 많은 음식은 뇌의 크기를 줄인다. 술과 담배는 뇌와 상극이다. 과음은 뇌세포를 파괴하고 담배는 뇌혈류를 감소시킨다. 뇌의 영양분은 아침에 특히 부족하니 아침밥은 꼭 챙겨 먹어야 한다.

뇌도 휴식을 좋아한다.

뇌도 피로를 느낀다. 혹사하면 만성피로 상태가 된다. 뇌는 활동한 지 30~40분이 지나면 조금씩 움직임이 느려진다. 1시간 활동 후에는 10분 정도 쉰다.

기억에 의지하지 말고 기록하자.

나이가 들면 기억력이 떨어지는 것이 아니라 기록력이 떨어진다. 메모하는 습관은 힘겹게 기억해 내는 스트레스를 줄인다. 손글씨는 뇌 운동에도 좋다. 항간에는 '적자생존'이라고 말한다. 적어야만 살 수 있다는 뜻이다.

TIP! 생활 습관으로 알아보는 뇌 나이 측정

지금 현재 나의 뇌는 어떤 상태일까? 평소의 두뇌 습관을 통해 체크해 보자.

1. 최소 30분 이상의 격렬한 운동과 스트레칭을 일주일에 몇 번 정도 하십니까?

a) 주 5~6회   b) 주 3~4회   c) 주 1~2회   d) 거의 없다.

2. 하루를 통틀어 어떤 식단으로 식사를 하십니까?

a) 매끼 풍부한 과일과 채소, 다량의 현미와 잡곡, 저지방 식사. 술과 붉은 고기 섭취는 거의 없다.

b) 약간의 과일과 채소, 약간의 현미와 잡곡, 중간 정도의 지방 식사, 약간의 술과 붉은 고기 섭취

c) 소량의 과일과 채소, 백미, 지방이 많은 식사, 붉은 고기 섭취

d) 패스트푸드 위주

3. 하루 수면 시간은 얼마입니까?

a) 거의 매일 최소 8시간   b) 대부분 6~8시간

c) 일정하지 않다.   d) 새벽까지 잠들지 못한다.

4. 새로운 기술이나 취미를 배우려고 하십니까?

a) 시간 날 때마다 자주   b) 지루할 때만

c) 드물게   d) 해본 적이 없다.

5. 다른 사람들과 어떤 주제로 대화를 하십니까?

a) 새로운 정보나 복잡한 문제들에 대해서 깊은 대화를 나누려고 노력한다.

b) 이따금 논쟁도 하지만 주로 무겁지 않은 주제들로 대화한다.

c) 비슷한 사람들끼리만 대화한다.

d) 대화를 별로 좋아하지 않는다.

6. 흥미나 열정이 생기는 일을 발견하면 어떻게 하십니까?

a) 내가 좋아하는 것들을 주된 일로 추구한다.

b) 생계와 즐기는 일을 적당히 배분한다.

c) 좋아하는 일을 할 시간이 많았으면 한다.

d) 흥미를 끌 만한 것이 무엇인지 모른다.

7. 책 읽기는 얼마나 자주 하십니까?

a) 꾸준히 난이도가 있는 것으로 읽는다.

b) 일주일에 두세 번 가벼운 책과 잡지

c) 이따금 여가가 있을 때

d) 주로 TV를 본다.

8. 스트레스는 어느 정도입니까?

a) 크게 분노하거나 걱정하지 않고 평정심을 잘 유지한다.

b) 이따금 스트레스를 받지만 잘 해소하는 편이다.

c) 스트레스를 내면화시킬 수 있지만 때때로 하루를 망친다.

d) 스트레스를 받으면 성질을 부리거나 화를 잘 낸다.

9. 당신의 삶을 어떻게 바라보고 있습니까?

a) 모든 일에는 이유가 있고 다 잘될 것이다.

b) 대부분의 사람들과 세상은 좋은 편이다.

c) 문제가 많고 전망도 어둡다.

d) 가까운 미래에 무슨 일이 생길지 두렵다.

10. 생활 계획을 짤 때 어떤 느낌을 받으십니까?

a) 기쁘다. 휴식만 잘 취할 수 있으면 바쁜 것이 좋다.

b) 좋은 편이지만 질리기도 한다.

c) 그저 그렇다. 덜 바빴으면 좋겠다.

d) 계획을 짜지 않는다. 그냥 시간을 보낸다.

11. 현재 하고 있는 일에 대해 어떻게 느끼십니까?

a) 이 일을 할 수 있어 행운이라고 생각한다.

b) 좋아하는 편이다.

c) 다른 일을 하고 싶다

d) 아무 일도 하고 싶지 않다.

12. 스스로 세운 목표는 어떻게 실천하십니까?

a) 야심차게 목표를 세우고 스스로를 채찍질한다.

b) 할 수 있다고 생각하는 것들에 대한 현실적인 목표를 세운다.

c) 목표를 세우기보다는 따라가는 편이다.

d) 내키는 대로 한다.

이 체크리스트는 정답이 없는 것들로 일단 간단하게 자신의 상태를 파악해 보기 위한 것이다.

a는 4점, b는 3점, c는 2점, d는 1점이다.

40~48점: 매우 건강하고 희망찬 상태

25~39점: 대부분의 경우 평범한 상태

13~24점: 최선을 다하는 상태가 아니며, 여러 가지 문제점이 있는 경우

12점 이하: 만사에 의욕이 없고 건강 또한 별로 좋지 못한 상태

출처:《In Full Bloom: A Brain Education Guide For Successful Aging》이승헌, 제시 존스 공저

오로지 실천만이
살 길이다

매일매일 나는 날갯짓하네
진리가 요구하는 부드러움을 담아
내가 날갯짓을 멈출라치면
그들은 안 된다며 어깨를 들썩이네.

— 윌리엄 스태퍼드

올해 42세 나건강 씨의 하루는 아침 7시 알람 소리로 시작된다. 나건강 씨는 거실로 나가 5분 정도 어깨와 목을 돌려 몸을 깨우고, 주방에 가서 생수 한 컵을 마신다. 그리고 간단한 샤워로 신진대사와 혈액순환을 돕는다.

아침에 배변을 보는 것이 습관이 된 나건강 씨는, 오늘도 쾌변에 몸이 가뿐해진다. 쾌변 비법은 '화장실에서는 볼일에만 집중'이다. 절대 책이나 신문을 화장실에 가져가지 않는다.

출근 준비를 마치고 나니 7시 25분, 올해 중학교에 입학한 딸과 함께 아침상에 앉는다. 아내가 내온 미소된장국을 마시며, 어제 이천 도자기 엑스포로 체험학습을 다녀온 딸의 이야기를 듣는다.

아내가 준비한 아침 메뉴는 현미오곡밥에 미역초무침과 버섯장조림, 브로콜리와 당근이 들어간 달걀찜이다. 나건강 씨 밥은 애초에 공기의 삼 분의 이 정도만 담아 내온다. 아내는 변비가 있어 유산균 음료를 먼저 마시고 식사를 한다.

7시 50분 나건강 씨는 식사 후 매실차를 마시고, 딸과 나란히 양치를 한다. 아내와 딸을 번갈아 꼭 안은 다음, 딸과 함께 집을 나선다. 아파트 정문에서 버스로 등교하는 딸과 헤어져, 10분 정도 거리에 있는 지하철까지 걸어간다.

8시 50분 회사에 도착한 나건강 씨는 동료들에게 소리 내어 먼저 인사를 한다. 어제 마케팅 문제로 격론을 벌였던 영업팀 한성질 과장에게도 웃으며 인사한다. 한 과장도 쑥스럽게 마주 웃는다. 자리에 앉아 바로 아내에게 회사에 잘 도착했다는 문자를 보낸다. 아내에게 '재미있고 신나게 일해요'라는 답문이 왔다.

회사에 두고 다니는 1.5리터 물병에 생수를 담아온다. 옆에 두어야 틈틈이 다 마실 수 있다. 좋은 물은 고혈압, 당뇨, 변비, 비만 등을 예방한다.

오전 회의 시간에 이덤벙 사원이 장기 해외 출장을 나간 중요 저자와 계약을 하지 못했다고 보고한다. 다른 출판사에서 먼저 계약을 하면 손해가 크다. 욱하는 마음이 들었지만 심호흡을 열 번 정도 한다. 실수를 지적하고 이메일로라도 계약을 확인하도록 지시한다.

점심 식사 전에 아내에게 점심을 잘 챙겨 먹으라는 문자를 보내고 친환경 식당에 들른다. 이 식당은 친환경 식자재를 사용하며, 반찬은 먹을 만큼 손님이 덜어 먹고, 남기면 벌금을 내야 한다. 식단은 부추샐러드와 미역국, 콩자반, 취나물 그리고 오징어 불고기다. 밥은 정량 이상 먹지 않도록 주의한다. 식사 후에는 베타카로틴이나 셀레늄 같은 항산화 물질이 들어 있는 종합비타민 한 알을 먹는다.

회사 뒤에 있는 초등학교 운동장에서 동료들과 산책하며 몸을 스트레칭한다. 식사 후 너무 졸릴 때는 커피나 드링크제로 억지로 잠을 쫓기보다는 10분 정도 의자에 기대서 낮잠을 잔다.

오후 3시 상반기 출간 예정인 저자들의 콘텐츠가 나건강 씨는 도통 성에 차지 않는다. 내일 임원 브리핑도 신경이 쓰인다. 키우고 있는 관상용 물고기 두 마리에게 먹이를 주고, 미니 행운목에 물도 주면서 마음을 달래 본다. 다른 저자들을 더 물색해 보아야 겠다고 다짐한다. 내일 브리핑은 아직 여유가 있으니 조급한 마음을 덜어낸다.

이덤벙 사원은 아침에 있었던 일로 아직도 주눅이 들어 있다. 분위기 쇄신을 위해 나건강 씨는 간식 사다리를 제안한다. 사다리타기로 돈을 모아 딸기와 오렌지, 바나나를 사다 먹어 비타민을 보충한다. 회사에서 내린 연한 커피를 한 잔 정도 마신다. 몸이 뻐근해지면 의자에 앉아, 잘 움직이지 않는 몸을 골고루 움직이며 스트레칭을 해준다.

오후 6시 나건강 씨는 퇴근 전 저자에게 긍정적인 이메일 답변을 받은 이덤벙 사원을 칭찬한다. 그리고 조만간 문화 회식을 하자고 직원들에게 알린다. 나건강 씨는 회식의 주된 메뉴인 고기와 알코올을 작년부터 삼가고 있다. 간혹 약주 한두 잔에 지방이 적은 안주를 선택하지만, 부서원들과의 회식은 연극이나 뮤지컬을 함께 보는 문화 회식을 선호한다.

저녁 7시 반 집에 전화를 해서 곧 퇴근한다고 알린다. 퇴근길에 한성질 과장과 신간 마케팅 안을 기분 좋게 의논한다. 집에 도착해 새싹비빔밥을 만들고 있는 아내 옆에서 식탁을 정리하고, 식사 후에는 설거지를 한다.

운동도 할 겸 쓰레기 분리수거를 위해 아내와 집을 나선다. 집

주변을 돌면서 아내가 하는 도서관 봉사 이야기를 듣는다.

저녁 9시 텔레비전 개그 프로그램을 본다. 맥주 한 잔이 생각나지만, 알코올 성분은 신체 지방을 분해하는 기능을 막아 혈관에 지방을 쌓으므로 참는다. 대신 부담이 적은 배를 먹는다. 개그 프로그램을 보면서 실컷 웃고 난 다음, 욕조에 39~41도 물을 받아 20분 정도 반신욕을 한다. 잠자리에 들기 전에 10분 정도 음악을 들으며 묵상하거나, 간단히 일기를 쓴다.

밤 11시 나건강 씨는 침대에 눕는다. 잠을 깊이 자기 위해 오른쪽으로 누워 무릎을 구부린다. 이렇게 하면 내부 장기에 부담이 덜 간다. 아내가 피워 주는 아로마 향이 숙면을 돕는다.

TIP! 팔팔할 때 하는 88생활법

8천 보 걷기

만보 걷기가 대유행일 때가 있었다. 나이가 들면 꾸준히 걷는 것만으로도 몸은 훨씬 가벼워진다. 최근 연구에 의하면 걷기는 관상동맥경화증을 호전시켜 주고 당뇨병 예방에 효과적이다. 다이어트는 물론 체력 보강에도 도움을 준다. 하루에 적어도 3킬로미터, 6천 보에서 많게는 1만 2천 보를 걸으면 된다.

8시간 자기

인체의 정상적인 바이오리듬은 하루 24시간 중 16시간을 깨어 있고 8시간을 자는 것이다. 특별한 병은 없지만 건강하지 못한 사람들은 수면 부족이거나 수면 상태가 불량인 경우가 많다. 충분히 자지 못하면 대뇌 기능이 저하되고 자율신경이 불안해진다. 자율신경이 불안하면 내분비계통이 불안해져, 결국 늘 몸이 불편한 상태가 된다. 밤에 충분히 자지 못했다면 낮잠을 자는 것도 좋다. 낮잠은 혈압을 내리고 뇌를 맑게 해 집중력이나 판단력을 향상시킨다. 낮잠은 오후 3시 이전, 30분 이내가 적당하다.

책상 위에 엎드려 자면 척추 건강에 좋지 않다. 의자의 등받이를 직각에서 10도 정도 뒤로 눕혀 자연스레 벽에 기댄 자세가 좋다. 엎드려 잘 때는 책상과 10~15센티미터 정도 거리를 두어 상체가 지나치게 굽지 않도록 한다.

80퍼센트만 먹기

고대 중국의 한의사는 "몸이 편안하려면 30퍼센트 정도는 배고프고 추워야 한다"고 했다. 적당한 추위와 배고픔이 있어야 신체에도 적절한 저항력이 생긴다. 80퍼센트만 먹는다는 것은 좀 더 먹고 싶다고 생각될 때 식사를 그만두는 것이다. 주저하지 말고 숟가락을 내려놓아야 몸이 팔팔해진다.

8잔의 물

대략 하루에 8잔의 물을 마시면 원활한 대사에 적당한 소변량을 유지할 수 있다. 사람에게 수분이 가장 부족할 때는 밤이다. 자다가 깨면 중간에 물을 마시고 아침에 일어나서도 반드시 물 한 잔을 마시는 것이 좋다. 그러면 혈액의 농도가 묽어져 뇌혈전 방지에 큰 도움이 된다. 중국 북부의 국경 수비대원은 영하 40도에도 동상에 걸리지 않는데 그 비결은 물을 많이 마시기 때문이라고 한다. 더울 때나 추울 때나 충분한 수분 섭취가 중요하다.

마음, 심폐소생술을 원한다

Chapter 3

갑작스런 심장 발작으로
응급실로 실려 오는 환자가 있다.
그럴 때는 심폐소생술을 해야 한다.
숨 쉬는 길을 확보하고, 혈액을 순환시키고,
심장이 멎었다면 두 손을 깍지 끼고
심장마사지를 한다.
생명이 위험할 때 우물쭈물해서는 곤란하다.
중년이 되면 마음이 딱딱해지고 정신이 나태해지며,
영혼이 탁해지는 경우가 많다.
몸은 살아 있으나 내면은 죽어 가는 것이다.
우물쭈물하지 말고 맑은 숨을
내 안에 불어넣어야 한다.

정신줄 단단히
붙잡아 매기

> 인체의 가장 위대한 힘은
> 스스로를 치유하려는 자연스러운 본능이다.
> 그러나 그 힘은 믿음 체계에 의존한다.
> …… 모든 것은 믿음에서 시작된다!
>
> ― 노만 커즌즈

'건강한 육체에 건강한 정신이 깃든다'라는 로마 격언이 있다. 몸이 건강해야 정신도 건강할 수 있다는 이 말을 모르는 사람은 거의 없다. 하지만 이 말이 처음 사용될 때는 지금과는 전혀 다른 의미였다.

이 격언은 고대 로마의 시인 유베날리스가 쓴 풍자시에 나오는 구절이다. 원래는 다음과 같다. "오란둠 에스트 우트 시트 민스 사나 인 코르포레 사노"(Orandum est ut sit mens sana in corpore sano : 건강한 육체에 건전한 정신까지 깃들면 바람직할 것이다.)

유베날리스가 이 시를 쓴 것은 당시 타락한 로마 사회가 정신은 소홀히 한 채 외모에만 치중하는 것에 대한 탄식이었다. 요즘 말로 남녀노소 가리지 않고 몸짱과 초콜릿 복근에 열광하는 모습을 우려하며, 외모에 쓰는 신경만큼 내면에도 신경을 쓰라는 이야기다.

그런데 어찌된 일인지 본말이 전도되어, 정신이 건강하려면 육체적인 건강이 기본이라는 의미로 사용되고 있다. 물론 몸이 건강하지 못하면 정신도 약해질 수 있다. 병원을 찾는 환자나 그 가족들의 표정이 전반적으로 어두운 것이 하나의 예다. 그러나 우리 주변에는 몸은 불편하지만 강인하고 아름다운 정신을 소유한 이들이 너무도 많다.

2010년 봄, 한국을 찾은 호주의 '오체불만족' 닉 부이치치가 그렇다. 화면 가득 선하게 웃는 닉 부이치치. 카메라가 점점 멀어지면서 그의 전신을 비춘다. 그는 팔다리 없이 몸통에 붙은 지느러미 모양의 작은 발 한 쪽으로만 서서 여전히 큰 웃음을 짓고 있다. 전 세계의 청소년들에게 용기의 불씨를 전하는 일을 하지만, 열 살 때는 자신의 몸이 너무 싫어 세 번이나 자살을 시도했다. 이제 그는 넘어져도 이마로 딛고 힘차게 일어서는 오뚜기 퍼포먼스를 보인다. 그의 몸짓이 주는 진정성은 수많은 사람들을 울린다. 닉은 삶을 포기하지 않을 때 변화와 기회가 있다는 메시지를 전한다. "자신의 삶을 사랑할 수 없을 때도 있습니다. 내 삶에 아무런 기적이 일어나지 않을 때도 있습니다. 아무런 기적이 일어나지 않을 때 당신 자신이 바로 기적이라는 것을 믿으시기 바랍니다. 기적은 깨어진 마음이 회복되는 것입니다. 당신의 고난을 남들과 비교하지 마세요."

암 투병을 이겨 내고 사법고시에 합격한 박지영 변호사도 놀라운 의지를 가진 사람이다. 그녀는 열아홉 살에 임파선 암에 걸렸지만 정신적 고통과 육체적 한계를 넘나드는 항암 치료를 견디 냈다. 그리고 서울음대와 서울법대를 차례로 졸업하고 사법고시에 패스했다. 지금은 문화공간 '다해원' 원장으로 소외된 장애인과 도시 빈민을 위해 다양한 문화를 제공하고 있다.

천재 농구선수, 최연소 코치, 코트의 거인으로 주목받던 박승일 선수는 2002년 사지가 점차 위축되는 루게릭병 확진을 받았다. 호흡근 마비로 수년 내에 사망으로 이르는 치명적인 질병이다. 하지만 박승일 선수는 삶의 희망을 놓지 않고 기적의 거인으로 다시 우뚝 섰다. 눈으로 마우스를 움직이고 초점을 맞춰 자음과 모음을 조합해서, 글을 쓰고 책을 발간했다. 그리고 마땅한 요양처가 없는 루게릭 환자들이 요양할 수 있는 병원을 설립하기 위해 세상과 활발히 소통하고 있다. 박승일 선수는 "움직일 수 없지만 볼 수 있음에, 만날 수 없지만 들을 수 있음에, 만질 수 없지만 느낄 수 있음에, 말할 수 없지만 생각할 수 있음에 감사합니다. 내가 잃은 이 모든 것을 가지고 있는 당신은 정말로 행복한 사람입니다"라고 말한다.

이 세 사람 말고도 우리 주변에는 몸은 불편하지만 밝고 힘차게 살아가는 이웃들이 수없이 많다. 육체가 건강해야만 정신이 건강한 것이 결코 아니다. '건강한 정신에 건강한 육체가 깃든다'라는 표현이 더 적절할 것이다.

사실 육체와 정신은 상호보완 관계이므로 둘 중 어떤 것이 더 우위에 있다거나 중요하다고 말할 수는 없다. 정신과 육체는 서로 연결되어 영향을 주고받는다. 다만 살아가면서 둘 중 하나가 우위를 점하거나 한쪽에 의존하는 경향을 보일 수는 있다. 하프타임을 계획하는 나이가 되면 체력이 예전 같지 않아 몸에 신경을 많이 쓴다. 그러나 육체를 건강하게 만드는 것은 바로 정신이다. 정신이 불안하거나 허약하면 몸을 돌볼 기력이 없다. 성경에서도 "무릇 지킬 만한 것보다 더욱 네 마음을 지키라 생명의 근원이 이에서 남이니라"(잠언 4장 23절)고 말하고 있다.

40대는 체력 저하도 실감하지만, 정신도 심한 몸살을 앓는다. 시인 고정희가 시 〈사십대〉에서 이야기하듯 '사십대 문턱에 들어서면 바라볼 시간이 많지 않다는 것을 안다. 기다릴 인연이 많지 않다는 것도 안다.' 물리적으로는 살아갈 날이 한참 남았어도 정신은 갑자기 70대 노인처럼 피로해진다. 사는 것이 허무하게 다가오기도 한다. 하프타임에 들어서면 정신을 살펴 줘야 한다. 단지 치매와 같은 정신질환을 조심하자는 차원이 아니다. 나약한 마음, 부정적인 생각, 이유 없는 우울함, 불안감, 희미해지는 기억력 등 정신 건강을 총체적으로 돌봐야 한다.

몸과 마음이 어른이 되는 사춘기는 누구나 겪는 성장통이다. 십대가 지나기 전, 지독한 첫사랑 또는 이유 없는 반항을 호되게 겪으며 성장통을 한차례 앓고 나면, 세상을 보는 눈이 달라진다. 또 삶의 모순을 조금씩 이해하게 된다.

이와 같은 성장통이 중년 초입에 또 찾아온다. 사추기다. 심리적 불안감은 사춘기와 견줄 수 있겠지만 한참 2차 성징을 맞으며 꽃피는 사춘기와 달리, 사추기는 추풍낙엽처럼 자꾸만 주저앉는 육체에 상실감이 크다. 흰머리는 늘어나고, 머리털은 빠지고, 시력은 떨어지고, 생리량은 줄어든다. 나이는 숫자에 불과하다고 위로하지만, 이제 젊음이 끝났다는 자각에 온갖 생각이 줄을 잇는다.

'고작 이걸 위해 그렇게 쉬지 않고 달려왔나?'

'가족을 위해 나를 희생했던 것이 과연 잘한 일일까?'

'이렇게 늙어 가야만 하나?'

많은 환자들과 상담을 해본 결과 젊은 시절에 정했던 목표를 이루었거나, 그렇지 않았거나 사십을 전후하면 상실감을 느끼는 것을 발견한다. 여기에 정년이 빨라지면서 과거 60대가 느끼던 사회적 박탈감을 40~50대에 이미 느끼고 두려워한다. 사춘기 소년은 세상에 무서울 게 없다. 그래서 반항적인 행동으로 갈등을 표현한다. 반면 사추기 중년은 세상에 무서운 것 천지다. 불확실한 미래에 대한 걱정, 내가 제대로 살고 있는 것인가에 대한 불안감, 언제 직장을 잃게 될지 모른다는 두려움 등으로 쉽게 의기소침해진다.

외과 의사들은 대부분 까칠하다. 수술을 집도할 때마다 한 치의 오차에도 생명이 위험할 수 있다는 중압감이 있다. 가족에게 예민하게 반응하거나, 휴게실이 너구리굴이 되도록 담배를 피우거나, 수술 후 술을 통해 스트레스를 잊으려는 경우가 많다. 나와 함께 근무했던 한 과장은 눈에 띄는 모범적인 의사였다. 한결같은 평온함으로 환자들에게 두터운 신뢰를 받고, 수술실 스태프들에게도 신망 높은 의사였다. 수술을 앞두고 기도하는 크리스천이 기도 했다. 그러나 40대 초입에 들어서면서 뚜렷한 이유 없이 안정감을 잃어 갔다. 젊었을 때 목표했던 자리와 꿈꾸던 모습에 이르렀지만 충만한 느낌이 없었다. 그는 결국 하프타임을 갖기로 했다. 5년 동안 중국 선교사로 헌신한 것이다. 지금은 다시 한국으로 돌아와 개원을 했다. 이렇듯 하프타임을 통해 소명을 발견하고 자기가 살아가야 할 방향을 알아갈 수 있었다.

조금만 바꿔 생각하면 마흔이라는 나이는 앞으로 40년을, 아니 그 이상을 더 살아가야 할 인생의 절정기다. 초등학교에서 대학교까지 '16년'을 두 번이나 다시 반복해도 시간이 남는다. 체력은 조금 부치지만 살아온 노하우가 있다. 꿈만 가득 찬 10대와 달리, 마음만 앞서는 20대와 달리, 40대는 경험에서 우러나오는 원숙함과 그에 걸맞은 경제력도 있다. 따라서 제2의 인생에 대한 현실적인 설계만 잘 짠다면 얼마든지 새로운 도약을 할 수 있다.

할리우드 배우 키아누 리브스는 "육체적인 능력만 따라 준다면 40대는 그동안 쌓은 경험과 어우러져 인생에서 가장 멋진 시기"라고 말했다.

독일 작가 미하엘 엔데의 《끝없는 이야기》속에 등장하는 '내면을 직시하는 거울'은 사추기와 닮은꼴이다. 이야기 속 주인공

아트레유는 자꾸만 무너져 가는 환상세계를 구하기 위해 길을 나서고, 여행을 하면서 세 개의 관문을 만난다. 그중 하나가 내면을 직시하는 거울이다. 대부분의 도전자가 자신 속에 도사린 흉측한 내면을 견디지 못하고 거울 앞에서 주저앉는다. 거울에 비친 모습을 자신이라고 인정해야만 관문을 넘을 수 있다.

이처럼 현실에서도 지난 세월에 녹아 있는 자신의 모습을 직시하고 인정해야만 또 다른 세계를 맞이할 수 있다. 사추기는 40년을 열심히 살았기 때문에 맞이하게 된 기회다. 사추기의 혼란을 자연스럽게 받아들이고, 당당하게 새로운 가치를 찾아야 한다. 사춘기 때 자신의 정체성을 확립해 나가고 인생의 가치관을 정립하듯 말이다. 만약 마흔이 지나서도 남들 이야기와 세상 통념에 이리저리 휘둘리면, 지난 세월은 차치하고 남은 40년도 흔들리게 된다.

마음도 건강검진이 필요하다

사람의 정서가 인체에 영향을 미치고 건강한 삶에 크고 중요한
변화를 가져다준다는 사실은 널리 알려져 있다.
사람의 정서는 잘 살펴서 늘 균형을 이뤄야 한다.

— 12세기 성자, 마이모니데스

사추기는 자칫하면 우울증으로 이어질 가능성이 높다. 심각한 우울증을 앓았던 미국 소설가 앤드루 솔로몬은 《한낮의 우울》에서 우울증의 주요인으로 '상실'을 꼽았다. 그가 말하는 상실은 소중한 사람과의 이별이나 사회적 역할, 재산, 명예, 자아관념 등 자신을 지켜 주던 버팀목을 잃어버렸을 때로 주로 중년이 겪는 감정이다. 실제로 40~50대는 우울증이 가장 많이 생기는 시기다. 우리나라 역시 40대 우울증 환자가 가장 많고, 50대가 그 뒤를 잇고 있다.

TIP! 나는 우울증일까?

전혀 아니다 0점 / 아니다 1점 / 그저 그렇다 2점 /

그렇다 3점 / 매우 그렇다 4점

1. 나에게는 희망이 없다고 생각한다.

2. 내 인생은 실패작이라고 생각한다.

3. 나의 삶이 후회스러워 괴롭다.

4. 가족이나 친구가 도와주더라도 울적한 기분을 떨칠 수 없다.

5. 하고 있는 일에 마음을 집중하기가 어렵다.

6. 나의 미래는 어둡다.

7. 나 자신이 무가치하고 창피하게 느낀다.

8. 나는 불안정하고 안절부절못한다.

9. 슬픔을 느낀다.

10. 하는 일마다 힘들게 느껴진다.

11. 나의 앞길은 기쁨보다는 불쾌감이 가득할 것이다.

12. 아직까지 인생이란 살 만한 가치가 있다고 느껴진다.

13. 나는 과민하고 초조하다.

14. 비참하고 울고 싶은 기분이다.

15. 식은땀이나 오한이 난다.

16. 평소보다 말수가 줄었다.

17. 내가 진정으로 원하는 것을 얻지 못할 것이다.

18. 나의 삶은 허무하고 무의미하다.

19. 이유 없이 오랫동안 걱정한다.

20. 대부분의 시간을 울적하게 보낸다.

21. 온몸에 열이 치민다.

22. 최근에 내 문제를 해결하고자 하는 의욕을 상실했다.

23. 나의 미래는 현재보다 더 행복할 것이다.

24. 나는 되는 일이 없다.

25. 나는 무섭고 거의 공포 상태다.

26. 괜히 울적해서 운 적이 있고 지금도 그런 기분이다.

27. 입안이 마르고 쓰다.

28. 나는 많은 시간 무력감을 느낀다.

29. 머리가 아프고 무겁다.

30. 가슴이 답답하다.

- 남자 39점 이하, 여자 42점 이하 - 당신은 우울한 상태가 아니다.
- 남자 40~55점, 여자 43~60점 - 우울증의 가능성은 있지만 아직

우려할 정도는 아니다.

- 남자 56~64점, 여자 61~69점 - 우울증이 의심되므로 전문가와 상담이 필요한 상태다.
- 남자 65점 이상, 여자 70점 이상 - 우울증이 분명하며 시급한 치료가 필요한 상태다.

한국 우울증 검사KDS-30 **출처 : 이민수, 이민규**

· ·

사실 우울증은 치료받으면 나을 수 있는 아주 가벼운 질환이다. 심리학이나 신경정신과에서 우울증을 '마음의 감기'라고 표현하는 것은 감기처럼 누구나 쉽게 걸릴 수 있기 때문이다. 그런데도 우울증은 40대 사망 원인 중 암 다음으로 많은, 자살의 주요 원인이 되고 있다. 암처럼 치료가 어려워서가 아니라 치료받아야 할 질병이라는 인식이 부족하기 때문이다.

많은 이들이 우울증은 소심하고 정신적으로 나약한 사람들이 걸리는 마음의 병으로 치부한다. 그러다 보니 우울증을 방치하고 병을 키우는 경우가 비일비재하다. 설사 우울증을 앓더라도 적극적으로 치료를 받는 경우는 매우 드물다. 전문적인 치료는 받지 않고 신경안정제만 복용하는 경우도 많다. 우울증을 치료하지 않고 방치해 자살로 이어지기도 한다. 2008년 우리나라 인구 중 자살자는 1만 2,858명으로 10년 전에 비해 49퍼센트나 늘었다.

최근 몇 년 사이 급증한 연예인의 자살도 우울증과 무관하지 않다. 연예인들의 자살은 파장이 매우 크다. 개인적으로 전혀 알지 못하지만 개개인이 연예인에게 느끼는 친밀감이 크기 때문에 아주 가까운 사람을 잃은 것처럼 슬프고 허전하다. 나 역시 유명한 여성 연기자의 자살 소식을 접한 후 한동안 마음이 착잡했다.

한 번은 암 치료 중인 환자와 함께 연예인의 자살 소식을 들었다. 환자와 나는 잠시 말을 멈추고 서로를 쳐다보았다. 어떻게든 살기 위해 애쓰는 암 환자를 바라보며, 세상에서 가장 불행한 죽음을 선택한 우울증 환자를 떠올렸다. 그리고 스스로 목숨을 끊은 처사에 분노하는 환자에게 마음으로나마 이해를 구했다. "저 사람도 당신과 같은 암 환자입니다. 당신은 위암이라 치료라도 받지만, 저 사람은 마음에 암이 생겨 치료도 받지 못하고 극심한 고통에 시달리다 결국 죽음에 이른 것입니다."

그 후에도 연예인의 자살 소식은 계속 이어졌다. 아까운 목숨들이 사라진 다음에야 우울증을 질병으로 인식하는 분위기가 되었다.

우울증을 '마음먹기에 따라 나을 수 있는 병'이라고들 한다. 하지만 우울증은 생물학적으로 세로토닌과 노르에피네프린 등 뇌 신경전달 물질의 분비 이상 등 복합적인 원인으로 생기는 질병이다.

세계보건기구는 '인류를 괴롭히는 세계 3대 질환'으로 우울증을 선정했다. 2020년이 되면 우울증이 사람들에게 발생하는 질환 중 1위를 차지할 것이라고 예상하고 있다. 누구나 우울할 수 있다. 우울증은 누구나 걸릴 수 있는 질환이라고 생각하고 적극적으로 치료받아야 한다.

주목해야 할 사실은, 우울증은 남성보다 여성에게 더 많이 나타나지만 우울증으로 인한 고통은 남성이 더 크다. 남자들은 강해야 한다는 강박관념 때문에 우울함을 표현하기보다는, 혼자서 병으로 키우는 경우가 많다. 그래서 극단적인 선택을 하게 되는 빈도가 여성보다 높다. 한국의 대표 영화제인 대종상에서 3차례나 상을 받은 저명한 영화감독도 최근 '일이 없어 괴롭고 힘들다'는 유서를 남기고 자살로 삶을 마감했다. 중년 남성의 경우, 우울증 병력은 치매에 걸릴 확률도 높이므로 더욱 조심해야 한다.

상실감과 두려움이 우울증의 주된 원인이지만, 상실감과 두려움이 오는 이유는 사람마다 다르다. 하지만 공통적인 특징이 하나 있다. '혼자'라는 생각이다. 우울은 나 홀로 빠지는 늪이다. 우울의 늪에서 벗어나려면 우선 '나 혼자'라는 생각을 버려야 한다.

그리고 우울증을 떨치기 위해서는 세로토닌을 활성화시켜야 한다. 세로토닌은 일명 '행복의 물질'로, 우울증에 대한 탁월한 효과가 증명되고 있다. 운동은 세로토닌 증강에 일등 공신이다. 운동은 적당히 걷기가 좋다. 여기서 '적당히'를 주목해야 한다. 세로토닌은 피로에 매우 예민하기 때문에 기분이 좋은 만큼만 걸어야 한다. 음식을 씹는 것도 중요하다. 맛있는 음식을 좋은 사람과 함께 먹으면, 행복의 산실인 전두엽이 자극을 받는다. 세로토닌이 제 역할을 하도록 도와주는 물질인 트리토판은 콩이나 우유, 치즈 등 유제품에 많이 함유되어 있다. 또한 심호흡도 필수다. 평소 무의식적으로 하는 너무 얕고 빠른 호흡은 세로토닌 활성도를 저하시킨다. 깊은 심호흡을 의식적으로 천천히 해야 한다.

햇빛도 중요하다. 햇빛은 우울증을 치료하는 데 탁월하다. 뇌 속의 트리토판이 세로토닌으로 바뀌려면 태양빛을 받아야 한다. 눈코 뜰 새 없이 바빠도 잠시 햇빛 속을 걸어 보고 길게 심호흡도 하고, 간단한 스트레칭도 해보자. 무조건 하자. 마음이 달라진다. 그래도 자꾸 우울해지면 다음 몇 가지를 시도해 보자.

첫째, 자기만의 시간을 가져라.

가끔은 혼자 조용한 시간을 보낸다. 무작정 방에 틀어박히라는 것이 아니다. 분주한 일상 때문에 하지 못했던 일을 하면서 정신적인 휴식을 가지라는 말이다.

둘째, 좋아하는 일을 취미로 즐기자.

시간 가는 줄 모르고 즐겁게 할 수 있는 일을 적어도 하나는 만들자. 혼자 즐겨도 좋지만 같은 취미를 가진 사람들과 만나고, 취미를 활용해 자신의 재능으로 봉사하는 것도 좋다. 우리 병원 환자 중에는 현직 이비인후과 의사가 한 분 있는데, 취미로 판소리를 한다. 우리 병원에 와서 '흥부가'를 멋지게 뽑아 환자들의 기운을 올려 준다.

셋째, 꾸준한 운동으로 체력을 키우고 기분을 전환하라.
무리하지 않은 운동은 항우울제인 엔도르핀을 분비시킨다. 운동을 하면서 사람들과 어울리다 보면 소속감이 생겨 우울증을 예방하고 치료하는 데 효과적이다.

넷째, 매일 거울을 보자.
거울 앞에 서서 있는 그대로의 자신을 바라보자. 생김새에 대한 걱정, 자존심, 우울증 등이 개선된다. 거울 앞에 서서 자신을 향해 자주 웃자. 거울 속의 웃는 모습이 기분을 좋게 만들어 준다.

다섯째, 우울감이 지속되면 의사를 찾아라.
우울증은 치료할 수 있는 질병이다. 감기에 걸리면 내과를 찾듯 우울 증세가 지속되면 정신과 치료를 받자.
얼마 전 지하철을 기다리다가, 인근 서점에서 몰려나온 초등학생들의 대화를 엿듣게 되었다.

"그 아찌 진짜 짱 나지 않냐? 괜히 참견이야!"

"맞아, 스트레스 만땅이야. 내가 만화를 읽든, 소설을 읽든 무슨 상관이람."

"스트레스 쌓여! 게임이나 하러 가자."

어린 학생들이 연신 스트레스라는 단어를 쓰고 있었다.

요즘은 남녀노소를 구분하지 않고 입에 달고 사는 단어가 스트레스다. 사실 스트레스(긴장감)란 좋은 것이다. 약간의 긴장감은 생활의 활력이 되며 자기 발전을 위한 효과적인 자극제가 된다. 하지만 지속적이며 높은 스트레스는 마음에 고통을 안겨 준다. 그리고 스트레스가 쌓이면 불면, 두통, 소화불량 등이 나타나고 심하면 죽음으로 내몰리기도 한다. 현대처럼 급변하는 사회 속에서 살아가면서 스트레스를 받지 않는 것은 사실상 불가능하다. 요즘에는 초등학생조차도 과도한 학습 스케줄로 스트레스를 받는다. 가히 스트레스 공화국이다.

스트레스를 제대로 관리하지 않으면 건강한 생활을 할 수 없다. 스트레스에 대처하는 가장 현명한 방법은 스트레스가 쌓이지 않도록 그때그때 풀어 주는 것이다.

지극히 당연한 말이라고 반문하는 이도 있을 것이다. 하지만 가만히 생각해 보면 스트레스를 풀기 위해 적절한 조치를 취하는 예는 거의 없다. 조금만 스트레스를 받아도 정신과 상담을 받는 외국과 달리 우리나라에서의 스트레스 해소는 지극히 개인적인 차원에서 이루어진다. 열에 아홉이 술 또는 담배로 스트레스를 해소한다. 하지만 음주와 흡연은 누구나 알다시피 건강을 담보하는 위험한 도피처다. 더 큰 스트레스를 유발하는 셈이다.

스트레스 해소법은 거창하지 않다. 일본의 코미디언 에도 하루미는 속상한 일이 있거나 스트레스를 받아 목 근육이 뻣뻣해지면, 집에 돌아와 알람을 맞춘 후 거울을 들여다본다. 그리고 상처가 된 말이나 상황을 떠올리며 운다. 한참을 운 다음 알람이 울리면 눈물을 닦고 일어나 음악을 틀고 신나게 춤을 춘다. 그것이 에도 하루미의 스트레스 해소법이다.

서울과학종합대학교 윤은기 총장은 노는 것, 쉬는 것, 사랑하는 것이 스트레스 해소법이라고 한다. 운동을 하면서 놀고, 시골 처가에 가서 아무 일도 안 하고 달팽이처럼 쉬고, 주변 사람들을 사랑하는 것으로 긴장감을 푼다. 사랑하는 것이 그의 스트레스 해소법이라고 말한 것이 인상적이다. 그는 누군가가 나를 사랑하고 내가 누군가를 사랑할 때 마음이 충전되기 때문에, 사랑받기 위해 노력하고 또 사랑하기 위해 노력하는 작은 움직임이 스트레스를 완화해 준다고 한다.

나에게는 글쓰기가 일종의 치유법이다. 하고 싶은 말이나 생각을 종이에 쏟아 내고 나면 시원해진다. 이렇듯 사람마다 스트레스 해소법은 다르다. 특별한 비법은 없다. 각자 생활 속에서 자기만의 해소법을 찾을 수 있다. 또한 스트레스는 요령껏 관리하면 마음 습관을 긍정적으로 바꾸는 계기가 되기도 한다.

첫째, 두 눈 크게 뜨고 현실을 보는 습관

상황이 꼬이면 생각이 꼬리에 꼬리를 물어 불필요한 걱정으로 스트레스가 올라간다. 정확히 상황을 직시하고 평가하는 습관을 들이면 겁낼 것이 적어진다. 심리학자 어니 젤린스키는 "우리가 걱정하는 일의 40퍼센트는 일어나지 않고, 걱정의 30퍼센트는 이미 일어난 일에 대한 것이다. 22퍼센트는 걱정하지 않아도 될 만큼 사소한 것이며, 걱정의 4퍼센트는 우리 힘으로 어쩔 수 없이 일어나게 되는 것이다. 나머지 4퍼센트는 현실화되기도 하지만 96퍼센트는 일어나지 않는 것들이다"라고 했다.

둘째, 한눈파는 습관

스트레스가 극심할 때는 의도적으로 다른 것에 관심을 돌리는 것이 필요하다. 수다를 떨거나, 그림을 보거나, 산책을 나가는 것 등이 바람직하다. 일정한 시간이 지나면 스트레스 상황은 저절로 정리되는 경우가 많다.

셋째, 생활 리듬을 자유롭게 조절하는 습관

생활 습관은 스트레스에 영향을 주는 주요 요인이다. 불규칙한 생활을 한다면 규칙적인 생활로 바꿔 보고, 단순하고 반복적인 생활을 한다면 깜짝 이벤트를 시도하거나 배낭여행을 떠나 보자. 하루 이틀만 리듬을 바꿔도 스트레스가 해소된다.

넷째, 우선순위를 정하는 습관

반드시 해야 할 일을 놓치게 되면 이 일을 만회하기 위해 더 많은 시간과 노력을 들여야 한다. 우선순위를 정해 급한 것과 급하지 않은 것을 분류하면 시간에 여유도 생기고 스트레스도 줄어든다. 메모나 아침 묵상을 통해 우선순위를 정하는 습관을 들이자.

다섯째, 침묵해 보는 습관

의도적으로 침묵의 시간을 갖는 것도 스트레스 완화에 좋다. 음악을 듣거나, 따뜻한 탕 속에 몸을 담그거나, 하늘을 보거나, 기도하는 것은 침묵을 더욱 효과적으로 만든다.

누구나 스트레스를 받지만 누구나 스트레스에 치여 살지는 않는다. 나만의 스트레스 해소법으로 탄력 있는 하프타임을 즐겨 보자.

한바탕 웃고
목 놓아 울면, 건강하다

모든 느낌들이 저마다 가치가 있고 중요한 의미를 지닌다.
열정이 없는 삶은 인생의 풍요로움에서 멀리 떨어져 쓸쓸한 황무지를
무덤덤하게 돌아다니는 것과 같다.
우리에게 필요한 것은, 아리스토텔레스가 지적한 대로
적절하게 균형을 이룬 정서다.

— 대니얼 골먼《감성 지능》중에서

몇 해 전, 유학생 선교단체인 코스타KOSTA 집회의 강사로 초청받아 가족들과 함께 캐나다와 미국을 다녀온 적이 있다. 오랜만의 가족 나들이라 기뻤다. 집회 장소인 트리니티대학과 휘튼대학의 캠퍼스는 꿈속처럼 아름다웠다. 두 아이들은 끝없이 펼쳐진 푸른 잔디밭에서 다른 아이들과 연신 웃어 대며 즐겁게 어울렸

다. 아내와 나도 정말 좋은 곳이라며 흐뭇하게 앉아 있었다. 한참을 신나게 놀던 큰아들이 다가오더니 "아빠, 여기 재미없어요?"라고 걱정스럽게 물었다. 나는 "아니, 난 좋은데. 왜 그러니?" 하고 반문하였다. "이렇게 풀밭이 좋은데, 엄마 아빠는 가만히 앉아만 있잖아요." 아들 이야기를 듣고서야, 좋다는 생각만 할 뿐 적극적으로 즐기거나 기쁨을 표현하지 않았다는 걸 깨달았다. 그래서 "아니야. 아빠도 정말 좋아. 우리 공놀이할까?"라고 말하고는 오랜만에 아이들과 공놀이를 즐겼다. 옷이 더러워지고 숨도 찼지만 마음은 아들과 동갑내기였다.

나이가 들면 마음이 팍팍해진다. 어지간한 일이 아니면 감동하는 법이 없다. 여러 이유가 있겠지만 첫사랑, 첫 이별, 첫 월급, 첫아이, 첫차, 첫 해외여행 등등 '첫'이라는 단어가 들어가는 일들은 대부분 30대 이전에 경험했기 때문이다. 10대 땐 빨리 커서 스무 살이 되고 싶었고, 20대 땐 서른 살이 되면 좀 더 안정된 관계 속에서 직장 생활을 할 수 있을 거라고 기대하며 30대를 기다렸다. 하지만 30대부터는 다르다. 마흔을 기다리기는커녕, 마흔이 가까워진다는 생각만으로도 우울해진다. 그러면서 감정이 점점 무뎌진다.

감정이 무뎌지면 웃음과 눈물에 인색해진다. 웃음과 눈물은 감정의 바로미터다. 또한 건강의 잣대이기도 하다. 건강하면 잘 웃고 잘 운다. 잘 웃고 잘 울면 건강해질 수 있다. 크게 한 번 웃을 때마다 엔도르핀을 포함해 21가지의 쾌감 호르몬이 생성된다. 그중에는 진통제로 알려진 모르핀보다 300배나 강한 통증 완화 효과가 있는 엔케팔린도 있다. 이런 사실을 선조들도 익히 알았는지, 조선 시대에는 '웃음 내시'가 있었다. 웃음 내시의 임무는 임금을 웃기는 일이다. 나랏일로 스트레스를 많이 받는 임금이 장수하기 위해 웃음 내시를 가까이 했다. 셰익스피어의 희곡《리어 왕》을 보면 리어 왕 옆을 항상 따라다니는 광대가 나온다. 광대는 보통 영어로 'jester'(농담하는 사람) 또는 'fool'(바보)이라고 부른다. 늘 심각한 나라 일만 하는 국왕을 농담으로 즐겁게 하는 게 광대의 주된 업무다. 말이 광대지 지금의 개그맨 같은 사람이었다고 할까?

17세기의 유명한 영국 의사 토머스 시든햄은 "약 상자를 가득 실은 나귀 20마리보다, 재치 있는 광대 한 사람이 동네 주민 건강에 더 좋다"는 말을 남길 정도로 웃음의 중요성을 강조했다.

스웨덴의 노먼 커즌즈 박사는 환자가 10분간 기분 좋게 웃으면 두 시간 동안 고통 없이 편안하게 잠을 잘 수 있다는 사실을 알아냈다. 커즌즈 박사는 강직성 척추염에 걸려서 뼈 마디마디에 염증이 생기고 손가락이 굽혀지지도 않는 극심한 고통을 겪어야 했다. 현대 의학으로는 자신의 병을 치료할 수 없다는 것을 알고 웃음 치료를 해보기로 했다. 진통제와 수면제 없이는 잠을 잘 수 없을 정도로 통증이 심했지만 10분 정도 폭소를 터뜨린 후에는 2시간 정도를 평안하게 잘 수 있었다. 그리고 혼자보다는 여럿이 모이면 33배 더 잘 웃을 수 있다는 사실을 알고 친구들을 초청해서 같이 웃었다. 웃음 치료 후 8일이 지나자 박사는 엄지손가락을 통증 없이 움직였다. 나중에는 통증 없이 테니스나 골프를 치고, 승마를 즐겼으며, 손을 떨지 않고 카메라 셔터를 누를 수 있게 되었다.

미국의 존스홉킨스 병원은 환자들에게 나눠 주는 책자에 '웃음은 내적 조깅'이라고 소개하면서 웃음은 순환기를 깨끗이 하고 소화기를 자극해서 혈압을 내려 준다고 밝혔다. 또한 미국의 한 병원 연구에 의하면 하루에 15초씩 웃으면 이틀을 더 산다고 한다.

웃을수록 몸이 젊어지고 건강해진다. 그리고 코티졸이 감소한다. 코티졸은 스트레스를 받을 때 분비되는 호르몬인데 노화를 촉진하고, 기억력을 관장하는 해마를 손상시킨다. 또 활성산소를 증가시켜 뇌세포를 파괴한다. 웃음은 바로 코티졸을 감소시키는 작용을 한다. 건강해지겠다고 각종 건강 보조 식품을 복용하는 것보다 크게 한 번 웃는 것이 낫다.

웃음만큼 눈물도 건강에 이롭다. 울고 나면 굳었던 팔다리가 풀리고 발가락까지 따뜻해지는 경험을 해본 적이 있을 것이다. 목 놓아 실컷 울면 순환이 이루어져 몸뿐 아니라 마음도 부드럽고 온화해진다. 가슴에 맺힌 슬픔과 한 같은 독소들이 눈물과 함께 배출되기 때문이다. 눈물의 효과는 여기서 그치지 않는다. 의학적으로 눈물을 흘리면 면역항체가 2배 이상 증가한다. 면역항체는 독소를 정화하고 병원균이 세포에 생식하는 것을 차단해, 결과적으로 암세포를 억제하거나 감소시킨다. 게다가 목 놓아 울면 복근과 장의 움직임을 활발하게 해서 소화 기능도 좋아진다.

이런 긍정적인 효과에도 불구하고 우리 사회에서 눈물은 상당히 평가 절하되어 있다. 어려서부터 우리는 '울면 바보'라는 말을 듣고, 자라서는 '우는 사람이 진다'라는 편견에 사로잡혀 눈물을 참는다. 오죽하면 너무 운다고 평강공주를 바보 온달에게 시집보낸다고 했겠는가?

우리나라 남성들은 잘 울지 않는다. 초상집에서도 땅을 치며 통곡하는 남자는 별로 없다. 실컷 울면 소중한 사람을 잃은 슬픔이 그나마 가실 텐데, 남자라는 체면 때문에 꾹 참는다. 남자라는 콤플렉스가 울지도 못하게 하고, 마음의 작은 상처도 큰 치욕으로 느껴지게 해서 불끈 성을 내게 한다.

보완통합의학으로 환자들을 돌보는 나에게는, 웃음과 눈물은 면역력을 키워 주는 소중한 항암제다. 단지 감상적인 주장이 아니다. 실제로 수많은 연구 결과에서 웃음 치료가 암세포를 잡아먹는 NK(자연살해 세포)를 14퍼센트 증가시킨다고 밝혀졌다. 1~5

분 정도 웃으면 NK 세포가 5~6시간 동안 지속적으로 증가한다고 한다. 또 눈물을 흘리면 면역 글로불린G 같은 항체가 2배 이상 늘어, 암세포를 억제하거나 줄여 준다.

이런 사실과 임상 경험을 믿는 나는 웃음과 눈물을 암 치료에 적극 활용하고 있다.

담도암 4기로 곧 임종을 맞이할 거라는 사형선고를 받은 경상도 남자인 최현태 씨가 우리 병원을 찾았다. 웃어야 한다는 내 말에 "웃을 일이 있어야 웃지예" 했다. 내가 빨간 코에 피에로 모자를 쓰고 큰 소리로 웃어 대니, 슬쩍 웃음을 흘렸다. 함께 온 아내를 안고 사랑한다고 얘기하라고 해도, "우리는 그런 거 안 합니다" 했다. 그래도 치료라 믿고 조금씩 잘 따라와 3년째 병원을 다닌다. 이제는 실습 온 의대생들에게, 오히려 "웃으세요. 우하하하" 한다.

48세인 모 은행 지점장인 김수민 씨는 대장암이 간으로 전이되었다. 그는 집에 들어가기 전 주차장에서 5분 정도를 크게 웃고 귀가한다. 지금까지 정상적으로 일하며 치료도 잘 받고 있다. 웃으면 확실히 건강이라는 복이 온다.

3년 전 말기 암 판정을 받고 폐암 수술을 받았던 김기철 씨는 지금도 눈물 치료를 꾸준히 받고 있다. 그는 우리 병원을 찾기 전까지 웃음과 눈물의 중요성을 알지 못했다. 그는 양방과 항암 치료, 민간요법 등 몸에 좋다는 방법을 총동원했지만 눈물 치료만큼 카타르시스를 느낀 적은 없다고 한다. 몸속의 스트레스를 울음으로 풀고, 마음속 응어리까지 풀어내는 과정이 처음부터 쉽지는 않았다. 아픈 몸을 이끌고 감정의 밑바닥까지 항해하는 시간이 힘들었다. 그러나 눈물 치료를 하면서 주위를 둘러볼 겨를 없이 살아온 날들을 반성했다. 또한 눈에 보이지 않게 쌓였던 어두운 감정들을 하나둘 끄집어냈다. 그는 마음속에 자리 잡은 부정적인 감정을 눈물로 치유해 나가고 있다. 면역력을 높이고 마음의 상처를 치유하는 눈물의 힘을 경험한 것이다.

이처럼 울음도 웃음 못지않게 좋은 약이다. 우리네 선조들은 울음소리가 담장을 넘지 못하게 했다. 그러나 웃음이 파도라면 울음은 해일이다. 울어야 할 때 울지 않으면 결국 몸의 다른 장기가 눈물을 흘리게 된다. 이민 생활에 지쳐 6년 동안을 웃지도 울지도 못한 여성이 있었다. 암에 걸렸다는 진단을 받고도, 화만 났지 울음은 나오지 않았다. 내가 우는 것을 보고 조금 울먹하더니, 종내는 한참을 펑펑 울면서 설움을 녹여 냈다.

이렇게 환자와 함께 웃고, 함께 우는 것이 결국 나의 건강법이기도 하다.

최근에 크게 웃거나 운 적이 없다면 오늘 잠들기 전에 한번 실컷 울어 보자. 그리고 살아 있음에, 조국이 있음에, 가정이 있음에 감사한 후 잠자리에 들자. 다음 날 아침에는 화장실에서라도 큰 소리로 웃으며 하루를 시작해 보자. 무딘 감정이 되살아나고 온몸에 활기가 넘칠 것이다.

TIP! 건강을 살리는 감정 살리기 법

1. 하루 한 번은 억지로라도 큰 소리로 웃자. 억지로 웃어도 맥박, 혈압, 체온, 호흡이 활발해진다.

2. 웃는 사진을 갖고 다녀라. 웃음은 전염된다. 웃는 표정에는 즐거움과 기쁨을 부르는 파동이 있다.

3. 유머를 챙겨라. 신문 기사나 유머 사이트에서 유머를 자주 찾아보자. 재밌는 유머는 쪽지에 적어서 잊지 않도록 하고 반드시 다른 사람들에게 써먹는다.

4. 가끔씩 슬픈 영화 혹은 슬픈 이야기를 읽으며 실컷 울자. 울고 나면 몸과 마음이 새털처럼 가벼워지고 숙면을 취할 수 있다.

5. 분노와 화는 잘 풀어내자. 화를 낸 사람이 내쉰 숨을 액체질소로 급랭시켜 본 결과 노란색의 독소 액체가 나왔다. 이런 날숨 1시간 분량의 독소는 80명을 죽일 수 있는 것으로 알려졌다. 분노를 억지로 참지 말고 노래나 수다 등 자신에게 맞는 방법으로 적절히 풀자.

약이 되기도
독이 되기도 하는 마음

나는 내가 좋다.
날마다 나는 점점 더 좋아지고 있다.
오늘이 일생을 통해 가장 좋은 날이다.

— 에밀 쿠에

좋은 꿈은 좋은 마음을 낳고, 좋은 마음은 좋은 습관을 낳고, 좋은 습관은 좋은 행동을 낳는다. 식 습관이나 운동 습관처럼 마음 습관을 잘 관리하는 것이 하프타임의 성공 요소다.

30분 남짓의 취업 인터뷰나 원치 않았던 소개팅 자리를 2시간여 보내고 나면 하루 종일 피곤하다. 하지만 갓 배운 고스톱으로 날밤을 새우거나, 애인과 밤새 전화 통화를 하면 피곤한 줄을 모른다. 물론 좋아하는 것도 절제가 필요하지만 낙관적이고 적극적인 마음은 상상을 초월하는 힘이 있다. 병은 일단 생기면 고치기 힘들다. 특히 생활 습관병은 고치기 힘든 고질병이다. 생활 습관병의 시작은 마음 습관에 있다. "보약은 음식만 못하고 음식은 마음만 못하다"는 말이 있다. 마음이 편해야 몸이 건강하다. 편한 마음으로 하프타임을 계획하고 실천해야 즐겁고 유쾌하게 인생 후반전을 뛸 수 있다.

긍정적인 마음은 병도 이겨 낸다. 39살의 이정수 씨는 폐암이 뼈로 전이되었다. 이런 경우 생존율이 매우 낮다. 하지만 건설업에 종사하던 이정수 씨는 천성이 긍정적인 사람이었다. 회사에서 치료비를 전액 대주고 있을 정도로 사회관계가 좋고, 부인과도 손을 꼭 붙잡고 서로 눈만 마주쳐도 빙그레 웃는 남자였다. 병원에 오면, 나의 안색을 먼저 살피고 응원을 한다. 이런 긍정적인 분들은 암이 왔으니 가기도 할 것이라고 편하게 생각한다. 5년째 늘 웃는 얼굴로 치료를 받으러 온다.

암을 잘 이겨 낸 많은 사람들은 다음과 같은 공통점이 있다. 첫째는 암이 나을 수 있다는 믿음, 둘째는 긍정적인 마음, 셋째는 가족의 따뜻한 관심과 사랑이다.

온몸이 이유 없이 욱신욱신 쑤시고, 가슴이 답답한 경우 검사를 해보면 신경성이라는 진단을 받은 중년들이 많다. 몸 따로 마음 따로가 아니다. 몸이 병들면 마음이 병들고, 마음이 병들면 몸이 병든다. 우리 조상들은 지혜로웠다. 병을 치유할 때 몸과 마음을 함께 다스렸기 때문이다. 반면 서양의학에서는 몸과 마음을 분리해서 보았다. 목숨이란 하나의 질서를 만들어 내는 세계이며 기운이다. 물질적인 것만이 아니다. 요즘 서양의학에서도 이 점에 주목하여 '정신 신경 면역학' psychoneuroimmunology 이라는 새로운 분야가 활발히 연구되고 있다.

몸과 마음이 밀접한 관련이 있다는 것을 입증하는 의학적인 사례는 수없이 많다. 대표적인 예가 '플라세보 효과' placebo effect 다. 단순한 녹말물을 약이라고 믿으면 약이 된다. 마음은 기적을 만든다. 반대로 '노시보 효과' nocebo effect 도 있다. '플라세보'는 '기쁘게 해드리겠다', '노시보'는 '해를 끼친다'는 뜻의 라틴어다. '노시보 효과'는 의사의 말이 환자에게 부정적인 감정이나 기대를 유발하여 의학적인 이유 없이 환자에게 해를 입히는 현상이다. 영국의 심리학자 어빙 커시는 이와 관련해서 실험을 하였다. 대학생들에게 맑은 공기를 흡입시킨 뒤 두통이나 메스꺼움을 일으키는 독소가 함유되어 있다고 거짓말을 했다. 실험 대상자 절반에게는 한 여자가 공기를 마시고 그런 증상을 나타내는 모습을 보여 주었다. 여자가 고통을 받는 장면을 목격한 실험자들의 대부분이 비슷한 증상을 나타냈다. 어빙 커시는 이 결과를 토대로 수 세기 동안 원인을 확인할 수 없는 증상이 집단으로 퍼지는 사건, 즉 '집단 심인성 질환'도 노시보 효과의 일환이라고 설명한다. 노시보 효과가 극단적으로 나타나면 심인성 죽음에 이르기도 한다. 특별한 외상이나 내상 없이 극도의 위기의식이 스스로를 죽게 하는 것이다.

프랑스의 어느 여인은 살충제를 먹고 자살한다는 유서를 남기고 죽었다. 그러나 조사 결과 실제로 그녀가 마신 액체는 살충제가 아닌 독이 없는 다른 액체로 확인되었다. 그녀가 마신 액체는 사람을 죽일 수 있는 것이 아니었는데도 그녀는 살충제를 먹었다는 심적인 요인 때문에 죽은 것이다. 이처럼 마음은 죽음을 가져오기도 한다. 이처럼 병을 싸워야 하는 대상이라 여기고 투쟁하는 사람과, 병도 자신의 일부라 생각하고 병을 손님처럼 대접하고 수용하는 사람은 큰 차이를 보인다. 마음먹기에 따라 우리 몸은 '치료제 창고'가 되기도 하고 '만병 창고'가 되기도 한다.

하프타임에는 황폐하게 버려 두었던 마음 밭을 고르게 다져야 한다. 울음 비도 맞고, 웃음 물도 뿌려 주어야 한다. 풍성한 감성이 긍정의 씨앗을 힘차게 키워 준다. 나는 책을 읽으며 마음을 다잡고 감성의 불을 지피고는 한다. 나는 다양한 분야의 책을 골고루 접하려고 노력하는 편이다. 그러나 성공을 향해 달려가기보다는 내면을 돌아보고 타인의 삶을 이해할 수 있는 책을 주로 선택한다. 경전이나 고전을 읽는 것도 마음을 맑게 하는 방법이다.

민들레 씨가 간간히 흩날리거나 흰 눈이 소복이 쌓인 풍경을 앞에 두고 책을 읽으면 마음이 평온하고 말갛게 가라앉는다. 행복하다. 이와 같은 행복감과 로또 당첨 중에 하나만 선택하라고 하면 무척 고민이 될 것이다. 그러나 이미 내 안의 깊숙한 곳에서는 어떤 것을 선택해야 진정 나를 위한 길인지를 알고 있다.

행복은 전문가들도 정의하기 힘든 숙제다. 2009년 캐나다의 한 대학에서 '행복이란 무엇인가?'라는 과제를 놓고 10여 개 국가에서 각계 전문가 400여 명이 모여 일주일간 토론을 한 적이 있다. 명예, 만족, 환경 등 행복의 다양한 기준이 제시되었지만 결국 명쾌한 결론은 내리지 못했다. 다만, 21세기에는 물질과 소비 지상주의가 행복을 얻는 데 필수 조건은 아니라는 점에 동의했다.

그러나 한국인이 느끼는 행복은 유독 사회적인 경향에 영향을 받는다. 지나치게 남의 눈을 의식한다. 대한민국 국민에게 행복은 남과 비교할 때 좀 더 풍요로워야 하고, 사회적인 지위 또한 좀 더 높아야 한다. 당연히, 대한민국에서 행복한 사람은 극소수다. 그래서인지 우리나라는 행복과 관련한 여러 조사에서 매번 하위를 차지한다. 대표적인 예로 2007년 월드 밸류 서베이 World Value Survey가 국가별 행복 지수를 발표했는데, 전체 조사 대상 37개 나라 중 우리나라가 28위를 차지했다.

상위 1퍼센트라고 하는 극소수의 사람들도 대단히 행복하지는 않다. 우리나라의 2006년 통계청 조사를 보면 월 가구 소득 천만 원 이상부터는 행복 지수가 떨어지기 시작한다.

　지극히 주관적인 '행복'을 숫자로 환산한 결과에 대한 신뢰성은 의문이 있지만, 결과가 의미하는 바는 크다. 행복하지 않다고 생각하는 것은 자신이 원하는 삶을 살고 있지 않다는 의미와 같기 때문이다.

　'미국의 부호보다 티벳 농부의 행복 지수가 더 높다'라는 말이 있다. 그렇다고 가난하면 무조건 행복해지는 것은 아니다. 절대적인 빈곤이 삶을 얼마나 황폐하게 하는가? 우리나라는 1인당 소득 2만 달러 안팎을 오고간다. 먹고살 만해졌다. 이제는 무조건 통장 채우기가 아니라, 행복에 도움이 되는 경제활동을 해야 한다. 채우기에 급급해하지 말고, 쓰고 나누고 재투자하는 마인드를 가져야 한다.

　17세기 어느 크리스천이 쓴 시 중에 이런 구절이 있다. "제가 눈이 점점 어두워지는 건 어쩔 수 없겠지만, 뜻하지 않은 곳에서 선한 것을 보고, 뜻밖의 사람에게서 좋은 재능을 발견하는 능력을 제게 주소서. 그리고 그들에게 그것을 선뜻 말해 줄 수 있는 아름다운 마음을 주소서." 젊어서 나만 향하고 나한테 이로운 것만 보던 눈을, 바깥을 향하고 이웃의 아름다움을 볼 수 있는 연륜을 40대는 갖고 있다. 여기에 경제력을 더해 적절히 삶에 적용하면 인생 전반기에 비할 수 없는 만족스런 삶을 살 수 있다.

온라인 구인구직업체인 잡코리아의 창업주이며, 토종 경비보안 전문회사인 조은시스템의 대표인 김승남 회장은 45세에 컴퓨터를 배우기 시작했다. 21년간 직업군인으로 복무하다 전역한 뒤, 충북은행 안전관리실장으로 근무하면서 컴퓨터를 블루오션이라고 판단했기 때문이다. 그러던 어느 날 은행에서 비밀 문건이 분실되는 보안 사고가 터졌다. 이를 통해 김승남 회장은 컴퓨터와 연동된 전자 경비가 유망하다는 것을 예측하게 되었다. 그래서 탄생한 것이 조은시스템이다. 김승남 회장은 이에 멈추지 않고 인터넷의 무한한 미래 시장을 간파하고, 사무실 한 켠에서 직원 4명과 잡코리아를 시작했다. 잡코리아 전 직원에게 자신의 지분 50퍼센트를 모두 나눠 주며 개발을 독려했고, 관련 업계 1위 기업이 되었다.

김승남 회장은 "꿈이 있는 삶이 진정한 주류의 삶이다"라고 이야기한다. 그는 군대에서는 간부 후보생 출신, 은행에서는 군인 출신, IT 업계에서는 비전문인 출신으로 늘 '비주류'였다. 하지만 김승남 회장은 여기저기 기웃거리지 않고, 좋은 꿈을 가슴에 품고 달려가다 보니 어느새 주류가 되었다고 고백한다.

2010년 4월 27일, 산악인 오은선 씨는 여성 최초로 히말라야

14좌를 완등했다. 그녀의 나이 43세였다. 오은선 씨는 연속 등반이라는 새로운 스타일을 개척해 왔다. 등정이 끝나도 한국으로 입국하지 않고 현지에서 몸을 추슬러 곧바로 다음 등정을 나서는 방식이다. 이런 스타일 때문에 사람들은 오은선 씨를 '철녀'라고 부른다. 또 지나치게 기록에 집착한다는 비판도 받는다. 그러나 그녀는 기록에 대한 욕심을 부인하지 않고 여성 최초 14좌 완등의 꿈도 절대 접지 않았다. 히말라야 14좌는 여성 산악인 지현옥 씨가 실족사했던 안나푸르나, 그리고 선의의 경쟁자였던 고미영 씨가 추락사한 낭가파르파트 등이 포함된, 8,000미터 고지의 비정한 산이다.

14좌 등반의 마지막 고지인 안나푸르나에 오르기 전, 오은선 씨는 한 인터뷰에서 두렵지 않느냐는 질문을 받았다. 그녀는 "가장 중요한 것은 자신이다. 내가 할 수 있겠느냐, 무리한 욕심이 아니냐, 그런 질문을 스스로에게 끊임없이 던진다. 등정을 시작했어도 안 될 것 같으면 바로 접고, 다음을 기다린다"고 대답했다. 그리고 그녀는 몸보다 마음을 먼저 준비해야 한다고 말했다. 산에 오르던 첫 마음, 산이 좋아서 산에 가던 마음, 공무원도 때려치우고 몰입했던 순수한 열정, 그것으로 14좌 완등을 달성했다.

먼지 한 점 없게
영혼을 닦는 법

작지만 옹졸하진 않게,
평범하지만 우둔하진 않게,
마음을 다스려야 맑은 삶이 된다고,
마음이 마음에게 말하네요.

— 이해인 〈마음이 마음에게〉 중에서

영혼도 관리해야 하는 시대다. '영혼'이라는 단어가 낯설게 느껴지는 이도 있을 것이다. 하지만 영혼은 과학이 발달하고 물질적으로 풍요로운 현대사회에서 재평가되고 있는 대표적인 키워드다. 세계보건기구 WHO는 건강하고 행복한 삶의 조건을 영적인 건강 spiritual health 이 추가된 '질병이 없을 뿐 아니라 신체적, 정신적, 사회적, 영적으로 평안한 상태'라고 규정하고 있다.

넓은 의미에서 영혼은 앞에서 말한 정신 건강에 포함된다. 하지만 정신에 그저 묻어가기에는 영혼이 삶에 미치는 결과가 너무 크다.

후배 의사가 인턴으로 근무하면서 겪은 일이다. 공사장에서 추락 사고로 뇌를 다친 26살 청년이 응급실로 실려 왔다. 서둘러 응급조치를 했으나 살 가망은 거의 없었다. 호흡기를 달았지만 심전도 곡선은 웨이브 파동으로 바뀌었다. 이는 죽음이 가까이 다가오고 있다는 신호다. 보통은 10분 이내에 사망하기에 가족들에게 임종을 지키도록 했다. 간호사에게도 심전도 파동이 멈추면 영안실로 옮기도록 일렀다. 그러나 1시간이 지나도 느린 웨이브 파동은 멈추지 않았고, 호흡이 가늘게 이어졌다.

그런 상태로 만 이틀을 버텼다. 어떤 이유에서인지 환자의 영혼이 세상과 이별할 수 없는 듯했다. 예사롭지 않은 느낌으로 환자를 지켜보는데, 갑자기 젊은 여인이 중환자실로 들어왔다. 먼 길을 온 듯 지쳐 보이는 여인은 가까스로 침대를 붙잡고 말 없이 울기만 했다. 그 순간, 갑자기 심전도 파동이 멈추었다. 결혼한 지 3개월에 접어들었다는 그의 부인이었다. 뱃속에는 아기가 있었다. 후배는 부인에게, 부인과 아기를 만나기 위해 치열한 사투를 벌인 남편의 기다림을 이야기했다. 많은 죽음을 목격했던 후배였지만, 한 영혼에게 경외심을 가진 경험은 처음이라고 고백했다.

　신과 영혼에 대한 물음은 인류가 출현한 이래 계속되어 왔다. 동서양을 막론하고 근세까지만 해도 종교가 정치와 경제, 사회 전반을 관장했다. 종교 지도자들의 폐단과 근대 르네상스의 도래로 영혼의 존재를 부인하거나 무시하는 경향이 이어져 오고 있지만, 심각한 문제에 부딪히게 되면 누구나 신을 찾게 된다. 영혼에 대한 물음은 누구도 비켜 갈 수 없다. 세상살이는 부조리하고 누구나 죽음을 맞기 때문이다.

　인생 전반기에는 세상에 대한 궁금증이 많고, 죽음은 멀기 때문에 영혼을 등한시하고 살아간다. 하지만 인생 후반기에는 영혼에 대해 진지하게 생각해 본다. 신을 만나고 나서 생애 마지막을 가치 있게 맞는 사람들을 나는 많이 보았다.

　위암 말기인 장현수 씨는 고아로 자랐다. 그에게는 신뿐만이 아니라 그 무엇도 믿을 가치가 없었다. 일용노무자인 그는 술과 담배를 낙으로 삼았다. 얼마 남지 않은 생명에 좌절하고, 세상에 분노하던 그를 위해 기도하던 나는, 병원 원목으로부터 그가 신앙을 받아들였다는 단비 같은 소식을 들었다. 호스피스 병동에서 아기처럼 천진하게 웃는 그를 보았을 때는 정말 놀랐다. 언제나 오만상을 찌푸리거나, 병원 한 귀퉁이에서 담배를 피우던 그였다. 장현수 씨는 진통제 투여도 줄었다. 죽음에 이르는 고통이 줄어든 것이다. 그는 임종하기 몇 달 동안, 생전 처음 맛보는 신의 충만한 사랑과 내세에 대한 기대로 기쁨이 가득했다.

천재적인 물리학자 아인슈타인은 "몇몇 사람들은 종교가 과학 법칙에 맞지 않는다고 생각한다. 오늘날의 과학은 물체가 존재하는 건 증명할 수 있지만, 물체가 존재하지 않는 건 전혀 증명하지 못한다. 따라서 어떤 물체의 존재를 증명할 수 없다고 해서 그것이 존재하지 않는다고 단정 지을 수 없다"라고 밝혔다. 덧붙여, "몇 년 전만 해도 우리는 원자핵의 존재를 증명할 수 없었다. 만약 당시에 원자핵이 존재하지 않는다고 성급히 결론지었다면, 오늘날의 과학은 엄청난 실수를 저질렀을 것이다. 오늘날 과학이 신의 존재를 증명할 수 없는 것은 과학이 아직 그 수준까지 발전하지 못했기 때문이지 신이 존재하지 않기 때문이 아니다. 인간의 오감은 한계가 있어 신의 존재를 느끼지 못하지만 과학은 신의 존재를 부인하지 못한다. 따라서 우리는 신의 존재를 믿어야 한다"라고 말했다.

건강을 챙기는 것도, 좋은 마음 습관을 들이는 것도, 하프타임을 갖는 것도 행복을 바라는 마음 때문이다. 혹 그 마음이 이기심의 발로라 해도 신을 믿기를 권하는 바다. 신은 믿는 것이 믿지 않는 것보다 훨씬 유익하다. 이기적인 신앙도 이타적으로 성숙될 수 있다.

영혼 관리에 가장 좋은 것은 봉사와 나눔이다. 지역 교회에서 함께하는 것도 좋지만, 마뜩치 않다면 관심 있는 분야에서 자원봉사를 하기 바란다. 다른 사람의 밥그릇을 채워 주다 보면 내 밥그릇이 저절로 차는 것처럼, 봉사는 영혼의 존재를 실감하게 해준다.

나는 해마다 동남아 오지로 의료봉사를 간다. 그 기간 동안 나는 단순한 연민을 넘어 영혼의 울림을 느끼곤 한다. 사회적으로 인정받는 삶을 위해 질주하는 전반전과 달리 후반전에는 출세를 향해 달리는 것이 삶의 원동력이 되지 않는다. 자기 자신이 진정 원하는 삶을 사는 사람이 인생 후반전에 진정한 승자가 된다. 자신이 원하는 삶을 사느냐 마느냐는 누구와 경쟁하는 것이 아니므로 돈이나 명예 같은 사회적 기준이 아닌 새로운 행복의 기준이 필요하다. 2006년 사회조사통계에서도 알 수 있듯이 행복한 사람들은 기부금과 자원봉사 참여율이 높다. 행복한 다음에 나누는 것인지, 나누기 때문에 행복해지는 것인지는 명확하지 않지만, 행복과 나눔의 상관관계가 높은 것은 확실하다.

봉사와 나눔은 시작이 어렵지 한 번 발을 딛게 되면 묘한 중독성이 있다. 내 아내는 "집에서 밥하고 빨래하는 것은 솔직히 즐겁거나 기다려지지 않는다. 하지만 사회시설에서 어르신 몸을 닦아 드리고 청소하고 빨래를 하면 몸은 무거워도 영혼은 가벼워진다"라고 말한다.

또한 영혼은 친밀한 접촉에서 힘을 얻는다. 디지털 시대가 열어 준 편리함의 세계는 깔끔하고 효율적이다. 그러나 정신 건강에 긍정적인 영향을 미치지는 못한다. 이메일이 등장한 후 우표가 붙은 정감 있는 편지가 사라졌다. 휴대전화가 등장한 후 손으로 쓴 전화번호부가 사라졌다. 내비게이션이 등장한 후 시골길에서 길을 묻는 풍경이 사라졌다. 바쁜 현대인들은 따뜻함 대신 편리함을 선택한 셈이다.

하지만 보편화된 이메일과 휴대전화 문자보다는 손 편지가 돈독한 감정을 형성한다. 보내는 사람만의 필체, 손에서 만져지는 편지지의 촉감, 카드명세서만 들어 있던 우편함에서 손으로 쓴 내 이름의 편지를 발견했을 때의 반가움은 무엇과도 비교할 수 없는 따뜻함과 정감이 있다.

해마다 나는 11월부터 감사 리스트를 작성한다. 그리고 성탄 카드를 하나씩 직접 쓴다. 성탄이 가까워지면 시간에 쫓겨서 성의 있는 카드를 쓰기 어렵기 때문에 11월부터 감사 카드를 쓰기 시작한다. 외국에 나가 있는 아들들에게는 알록달록한 스티커를 붙여 주기도 한다. 여고생 같은 취미라고 아내가 가끔 놀리지만, 아이들이 즐거워한다는 것을 알기에 늘 꿋꿋이 스티커를 붙인다.

최근에는 인간적인 따뜻함을 되찾으려는 이와 같은 노력이 공감을 얻고 있다. 대표적인 예가 '하이 터치 운동'이다. 하이 터치는 미국의 미래학자 존 나이스비트가 처음으로 제시한 개념이다. 최첨단 과학의 시대일수록 사람과의 따뜻한 접촉과 교감이 필요하다는 이론이다. 하이 터치는 인간다움을 느낄 수 있는 휴먼 터치다.

손 편지를 쓰고, 과자를 굽는 등 번거롭지만 빠르고 편리함보다는, 느려도 체온을 전할 수 있는 행동을 선택하는 라이프스타일이 하이 터치 라이프다. 거리에서 '안아드립니다'라는 문구를 들고, 낯선 이들을 안아 주는 '프리 허그'Free Hug 운동도 하이 터치 사고다.

친밀한 접촉은 영혼의 자양분이면서 건강에도 영양제다. 특히 포옹은 심신을 안정시켜 스트레스를 해소시킨다. 때론 최첨단 의료 장비보다도 더 큰 힘을 발휘한다. 따뜻한 포옹으로 아픈 곳을 치료하는 허그테라피가 좋은 효과로 주목받고 있다.

1995년 카이리와 브리엘 쌍둥이가 예정일보다 12주 일찍 태어났다. 1킬로그램도 되지 않았다. 인큐베이터에서 생명을 유지하던 쌍둥이 중 브리엘은 심장에 이상을 안고 태어나 살기가 어려웠다. 그때 간호사가 쌍둥이를 한 인큐베이터에 넣자고 제안했다. 브리엘을 카이리의 인큐베이터에 넣자 기적 같은 일이 벌어졌다. 카이리가 손을 뻗어 브리엘의 어깨를 포옹하듯 안은 것이다. 그러자 브리엘의 심장이 안정을 찾기 시작했다. 혈압과 체온도 정상으로 돌아왔다. 이 감동적인 장면을 찍은 사진이 '생명을 구하는 포옹' The Rescuing Hug 이다.

현대화가 될수록 아날로그적 가치가 소중해진다. 기계에 의존하는 생활은 의식적으로 조금씩 줄이고, 그 자리를 하이 터치로 채워야 한다.

하이 터치 행동은 특별하지 않다. 온 가족이 마주앉아 나누는 정겨운 수다, 타인과 몸을 부딪쳐 가며 땀 흘리는 힘찬 운동, 따뜻한 포옹, 간지럼을 태우며 깔깔대는 장난, 정성 들여 준비한 식사 등 상대방의 마음 온도를 높여 주는 행동이 바로 하이 터치다.

"빨리 가고 싶으면 혼자 가도 된다. 그러나 멀리 가고 싶으면 함께 가야 한다"는 말이 있다. 영혼 관리는 가족과 함께하는 것이 좋다. 가족이란 사실 나이와 성별, 관심이 다 다르기 때문에 공통의 화제를 찾는다는 것이 쉽지 않다. 무작정 대화를 시도하면 어색함만 생긴다. 우리 가족은 아침마다 성경 말씀을 통해 서로의 느낌을 나누고, 저녁에는 하루의 삶을 돌아보며 기도 제목을 나눈다. 이렇게 하다 보니 자연스럽게 서로의 삶이 열린다.

선서!
내 마음은 하프타임 중

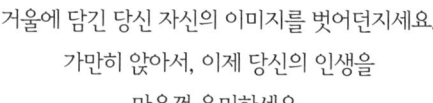

거울에 담긴 당신 자신의 이미지를 벗어던지세요.
가만히 앉아서, 이제 당신의 인생을
마음껏 음미하세요.

— 데릭 월콧

하프타임을 계기로 시작한 몸 관리는 건강검진을 예약하는 순간, 피트니스 클럽에 등록하는 순간, 굴러가게 되어 있다. 하지만 마음 관리는 그렇지 않다. 무척 내밀한 부분을 혼자서 점검하고 관리해야 하기 때문에 끊임없이 자신을 독려하지 않으면, 의욕도 방향도 잃어버리기 십상이다. 아침마다 하프타임을 선언하고 자신을 응원하자.

선서 하나, 나는 하루하루 성숙해진다.

요즘 중년은 분명 다르다. 새로운 사람을 만날 때면 나이를 가늠하기가 어렵다. 나이보다 10년 정도 젊어 보이는 경우도 부지기수다. 늙어 보인다면 '자기 관리에 소홀하다'는 비난을 감수해야 한다. 대중매체 속의 중년도 과거와는 다르다. 그들의 모습은 아줌마 아저씨가 아니다. 세련된 패션 감각은 기본이다. 그들을 보고 있노라면 늙으면 초라해지는 것이 아니라 우아하고 품위 있게 다시 태어나는 듯하다.

드라마 〈엄마가 뿔났다〉에서 부잣집 사모님 역의 장미희는 손녀 볼 나이라는 것이 믿기지 않는 젊음과 스타일을 과시했다. '루비족'이라는 신조어도 만들었다. 루비RUBY 족은 Refresh(신선함), Uncommon(비범함), Beautiful(아름다움), Youth(젊음)을 조합하여 반짝반짝 빛나는 족속이라는 의미를 담고 있다. 달라진 것은 외모만이 아니다. 같은 드라마에서 시아버지를 모시고 손주를 본 대가족 집안의 며느리인 김혜자는 평생 가족을 위해 희생했지만 공허했다. 그래서 그 허무함을 달래기 위해 1년 동안 휴가를 가진다. 휴가를 얻어 집을 나온 후 그녀가 제일 먼저 들른 곳은 네일숍이었다. 그녀는 이곳에서 밥하고 빨래하느라 거칠어진 손을 예쁘게 다듬으며 자신의 삶을 위로하고 격려한다.

나이가 들어도 젊은 감각을 유지하려는 노력은 분명 바람직하다. 그러나 젊음에 집착하는 것은 곤란하다. 늙는 것은 자연스러운 일이다. 젊음을 오래 유지하기 위해 노력하는 것은 건강에 이롭지만 젊음에 집착하면 건강을 잃는다. 무리한 성형 수술로 건강을 잃고 외모까지 망가져 사회로 나가지 못하고 집 안에만 은둔하는 경우가 매우 많다. 젊음 말고도 나를 자신 있게 내세울 수 있는 마음의 덕목을 찾아야 한다. 반드시 시간을 지불해야만 얻을 수 있는 아름다운 삶의 지혜는 무수히 많다. 오래될수록 가치가 높아지는 골동품처럼 사람 역시 나이를 통해 완숙한 존재로 성숙한다. 나이 드는 것도 축복이다.

선서 둘, 나는 만사에 긍정적이다.

긍정적인 사람은 어려움 속에서도 기회를 보지만, 부정적인 사람은 기회가 주어져도 어려움만 본다. 다양한 검사를 통해 긍정의 위력이 밝혀지고 있다. 예일대 베카 레비 교수의 연구가 대표적이다. 그는 1975년 당시 뉴헤이븐 지역에 거주하는 50세 이상을 대상으로 노화에 관하여 몇 가지 조사를 실시하였다. 23년 후에 응답 내용과 생존 관계를 검토했다. 조사 결과, 노화에 대한 가치관이 긍정적인 사람들은 부정적인 사람들보다 평균 7년 6개월 장수한다는 결론을 얻었다. 금연과 규칙적인 운동으로 체지방 지수를 적정하게 유지할 때 연장되는 수명이 1~3년 정도니, 긍정적인 사고가 수명에 미치는 영향은 매우 크다.

미국 듀크 의대 정신과의 연구도 마찬가지다. 연구팀은 1960년대 중반 노스캐롤라이나대학에 입학한 6,958명을 대상으로 다면적 인성검사MMPI를 실시한 뒤 2006년까지 추적 조사를 했다. 40여 년간의 긴 실험 끝에 연구 팀은 가장 긍정적인 태도를 지닌 2,319명이 가장 부정적인 2,319명에 비해 평균수명이 42퍼센트 더 길다는 결론을 얻었다.

자꾸만 자신감이 떨어지는 중년은 낙엽으로 자주 비유되곤 한다. 그러나 낙엽은 결코 무용지물이 아니다. 나무는 낙엽이 있기에 미래를 기약할 수 있다. 나무가 뿌리를 통해 얻은 수분은 잎을 통해 대부분 발산된다. 그래서 겨우내 땅이 얼어 수분 공급이 어려워지기 전에 잎을 떨어뜨려, 겨울철 수분 부족을 이겨 내는 것이다. 중년도 마찬가지다. 필요 없는 경쟁심과 욕심을 하프타임을 통해 털어 버리고, 긍정의 기운을 끌어올려야만 한다.

선서 셋, 나는 비전이 있다.

20~30대는 자기에게 주어진 환경에 도전하고, 그 도전에서 오는 반응에 쾌감을 느끼면서 존재감을 확인한다. 하지만 마흔에 접어들면 대부분 일에 대한 쾌감이 줄어들고, 요지부동 모드로 돌입한다. 그러나 이런 자세로 살기에는 남은 40여 년이 너무 길

다. 인생 전반기에는 생계와 자아실현이 함께 어우러지지 못했더라도, 전반기의 저력과 경험으로 후반기에 두 마리 토끼를 잡아보기 바란다.

나의 꿈을 자신의 적성에 맞춰 차근차근 테스트해 볼 수 있는 사이트가 있다. 미국의 보케이션 베케이션www.vocationvacations.com이다. 이 사이트의 이름을 우리말로 바꾸면 '천직을 찾아 떠나는 휴가' 정도가 될 것이다. 이 사이트에서는 몇 가지 툴을 이용해 내가 꿈꾸던 직업과 나의 적성이 맞는지를 시험해 볼 수 있다. 주변에는 취미가 직업이 된 사람들이 점점 늘어나는 추세다. 대표적으로 자신의 요리나 리모델링 등 취미생활을 블로그에 게재했다가, 반응이 좋아 창업하는 파워 블로거들이 그 예다. 취미를 이용해 책도 내고 강의도 한다. 간절히 바랐지만 이루지 못한 꿈을 잊지 않고 포기하지 않는다면 언젠가 이룰 수 있다.

물론 현실을 벗어난 헛된 꿈은 곤란하다. 헛된 꿈은 설계가 불가능한 것, 즉 꿈을 이루기 위해 노력하고 실천할 수 있는 구체적인 계획을 세우기 어려운 꿈을 의미한다.

선서 넷, 나는 나와 경쟁한다.

남과의 경쟁은 1등이 되기 위한 몸부림이다. 반면 자신과의 경쟁은 최선을 다해 살기 위한 노력이다. 남과의 경쟁은 끝이 없다.

오늘 누군가와 싸워 이겨도 내일 또 다른 경쟁자가 생긴다. 하지만 자신과의 경쟁은 적을 만들지 않으면서 하루하루 더 나은 삶을 살게 한다.

선서 다섯, 나는 오늘을 산다.

'살라! 오늘이 마지막인 것처럼.' 매일 오늘이 마지막이라고 생각하라. 그러면 하찮은 일이 없고, 하찮은 만남이 없다. 암 환자들이 스쳐 가는 풍경 하나에도 의미를 부여하고, 묵혀 두었던 마음의 진실을 말하는 것은, 내일을 기약할 수 없다는 것을 알기 때문이다. 그래서 암 환자들은 오늘에 최선을 다한다. 부끄러운 마음에 용서하지 못하고 있다면, 진실을 알면서도 두려워 말하지 못하는 것이 있다면 '지금'이 해야 할 때다.

Chapter 4

관계,
내 삶을 따뜻하고
견고하게

모든 관계에는
그 관계를 시작하던 첫 순간이 있다.
두근거리던 배우자, 설레었던 내 아이, 어색했던 지인,
조심스러웠던 동료, 반가웠던 이웃.
하지만 어느 순간, 설렘과 두근거림과
조심스러움이 지루함과 무신경함과
뻔뻔함으로 변한다.
하루가 다르게 자라는 것은 아이들만이 아니다.
어제와 같은 사람은 아무도 없다.
그러나 '익숙해진 관계'는 사람 안의
'새로움'을 보지 못하게 한다.
익숙한 것으로부터 의도적으로 낯설어져야 한다.
스펙 쌓기를 위한 인맥을 넘어,
낯설고 풋풋하게 사람을 만나야 한다.
사람 냄새가 배어나는 관계를 만들어야 한다.

외로움에 떠는
유아독존

인간을 포함한 모든 생명체의 질병이 사랑의 결핍에서 오는 것입니다.
알코올 중독이나 도박 중독도 실은, 충분히 사랑을 받지 못한 사람들이
그 빈자리를 술이나 도박으로 채우려다가 그렇게 된 것이에요.
그러니까 결핍되었던 사랑만 채워 주면 알코올 중독이나
도박 중독을 포함하여 모든 질병이 사라지는 게 자명한 이치지요.
세상에 사랑으로 고치지 못할 병이 그래서 없다는 겁니다.

— 이현주 목사

영화 〈공기인형〉에 등장하는 사람들은 다 외롭다. 연인과 헤어진 후 공기인형으로 욕구를 해소하는 중년, 엄마가 없어 슬픈 소녀, 햇살을 받으며 늘 혼자 밥 먹는 남자, 피규어 인형을 모으는 것이 유일한 즐거움인 청년, 혼자 산소통을 끌고 다니며 공원에

서 별바라기를 하는 할아버지⋯⋯. 어느 날 공기인형 노조미는 사람의 감정을 갖게 된다. 고레에다 히로카즈 감독은 그녀를 통해 관객들이 인간의 외로움을 직시하게 한다. 공기 펌프 대신 사랑하는 이의 숨결로 자신을 채울 수 있다는 것을 알게 된 노조미. 이런 일련의 에피소드와 공원에서 만난 노인이 노조미에게 '생명은 혼자서는 채울 수 없게 만들어졌다'는 시를 들려주는 것을 통해 감독이 관객에게 전하고 싶은 메시지가 무엇인지 짐작할 수 있다.

텅 빈 공기인형과 같이 인간도 누구나 빈 공간을 가지고 태어난다. 그곳을 서로 채워 줘야 살아 있는 생명으로 존재할 수 있다.

하지만 현대인들은 만남이 익숙하지 않다. 관계 속에서 느끼는 수많은 감정들이 낯설고 불편하다. 그러나 고치를 빠져나올 때 겪는 아픔이 지독할수록 나비의 날개는 아름답고 튼튼하다. 고통이 두려워 머물면 고치에 갇혀 평생을 살게 된다.

현대인이 관계를 숙제처럼 부담스러워 하게 된 것에는 핵가족이 한몫했다. 핵가족은 가족 구성원의 독립적인 인격을 존중하고, 평등주의 원칙에 따라 가정을 운영하는 장점이 있다. 그러나 부작용이 만만치 않다. 가장 큰 문제가 관계다. 가정의 최고 결정권자였던 노인들이 천덕꾸러기로 전락했고, 자녀도 한두 명만 낳아서 아이들은 이기적이 되었다. 조부모, 백모, 숙부, 사촌 등 대

가족을 통한 자연스럽고 풍성했던 관계들이 사라졌다. 요즘 부모가 아이를 키우는 경험은 예전보다 훨씬 부족해지고 단출한 가정 안에서의 역할은 커졌다. 따라서 인성 교육보다는 학습과 같은 기능적인 역할에 치중하는 경향이 강해졌다.

상황이 이와 같다고 대가족 제도로 회귀할 수도 없다. 직장이나 학군 등 가족 구성원의 이익이 극명하게 갈리는 현실 때문에, 무조건 모여 산다는 것은 순진한 발상이다. 대가족을 통해 얻을 수 있던 풍성한 관계들을 보완할 방법을 궁리해야 한다.

나와 연결고리가 있는 기존의 공동체들을 새로운 시선으로 바라보고, 친밀감 있게 받아들이는 것이 좋다. 생존 시장이었던 직장을 공동의 꿈을 꾸는 공동체로, 빗장 걸고 살았던 이웃을 삶의 활력체로, 의무만 있었던 친인척을 끈끈한 추억 공동체로 받아들이는 것이다. 물론 성숙한 공동체로 성장하기까지는 자잘한 부딪침과 감정 소모가 있다. 하지만 고통 끝에 날개를 펴는 나비를 기억하자.

지역사회 속에 들어가 나눔과 봉사, 동아리 활동을 하는 것도 관계를 풍성하게 하는 방법이다. 나는 지역 교회를 통해 다양한 만남과 행사에 참여하고, 지역 복지관과 외국인 근로자 쉼터를 다니며 진료를 하고 있다. 언제나 마주칠 수 있는 가까운 이웃들을 돌보면 나눔이 지속적이고 활기차게 이루어진다. 최근에는 미대생들이 초등학교 등굣길 벽에 그림을 그려 아이들 정서를 풍부하게 하거나, 사진 찍기가 취미인 회사원이 노인정에서 영정사진을 찍어드리는 등, 자신이 가진 능력을 발휘하는 재능 봉사가 활발하게 이루어지고 있다. 특히 재능 봉사는 프로보노 운동으로 진화하고 있다. 프로보노는 라틴어 '프로보노 퍼블리코'Pro Bono Publico의 줄임말로 '공익을 위해서'라는 뜻이다. 이는 단순한 재능 봉사를 넘어 예술, 의료, 교육 등 각계의 전문가들이 자신의 재능을 기부하는 것이다.

바이올리니스트 리처드 용재 오닐은 전교생 49명인 충청남도의 한 시골 초등학교에서 특별 음악 교사로 아이들에게 악기와 노래를 지도했다.

개그맨 이홍렬 씨는 어린이재단에서 2005년부터 매년 가을 '락락 페스티벌'을 벌인다. 가수와 배우, 마술사 등에게 재능을 기부받아 진행하는 공연이다. 락락 페스티벌을 통해 생긴 수익은 빈곤 아동들의 겨울나기에 전액 사용되고 있다.

내가 20여 년간 지속해 온 필리핀 의료봉사도 결국은 재능 기부다. 이와 같은 재능 기부는 기부 행위를 편하게 받아들이게 하고, 재능을 기쁘게 나눌 수 있도록 한다.

또한 하프타임에 접어든 40대의 경우는 일과 가정 사이에서 균형을 잘 잡는 것이 중요하다. 일과 가정의 균형은 모든 직장인의 고민이다. 누구나 좋은 부모이자 동시에 능력 있는 직장인이 되기를 바라지만 생각만큼 쉽지 않다. 직장은 치열한 경쟁 사회이므로 생존하기 위해서는 워커홀릭이 되어야 한다. 지금의 50~60대 가장들은 개발 중심의 사회에서 산업 역군으로 살아 오며, 가정보다는 일에 집중할 것을 강요받아 온 세대다. 그 결과 많은 아버지들이 자녀 양육에 무신경했고 아이들과의 친밀함이 무너졌다.

'직장이 우선인가, 가정이 우선인가?' 묻는다면 선택하기 쉽지 않다. 가정을 위해서는 직장을 우선으로 해야 하는 아이러니가 존재한다. 그러나 둘 중에 절대로 포기할 수 없는 것을 고르라면 누구나 '가정'을 택할 것이다. 직장을 버리고 가정을 택할 수는 있어도 가정을 버리고 직장을 택할 수는 없기 때문이다. 가정이 직장보다 중요한 것은 부인할 수 없는 사실이다.

우리 사회가 잊고 있었던 가정의 소중함을 깨닫게 해준 것은 바로 IMF다.

IMF 경제 위기는 가족과 기업, 모두에게 큰 타격을 주었다. 평생직장으로 여기며 몸 바쳐 일하던 회사에서 많은 가장들이 쫓겨나고, 경제적인 문제로 가정이 해체되는 것을 보며 가정의 소중함을 비로소 깨닫게 되었다. 또한 건강한 가정이 회사 발전의 토대이자, 절망을 희망으로 바꾸는 공간이라는 중요한 사실을 깨닫게 되었다. IMF 위기에서 벗어난 후 기업은 '가족'과의 관계 회복을 위해 많은 노력을 하고 있다. 회사 송년회에 가족을 초청하기도 하고, 사원 가족을 위한 상담실과 치료실을 운영하는 회사도 생겨났다. 한국의 어느 은행은 매주 수요일을 '가족의 날'로 정하고 야근을 금지하고 칼퇴근을 시킨다고 한다. 미국의 SC존슨사는 한 달에 이틀을 '회의 없는 날'로 정했다고 한다. 회의가 많고 회의를 준비하기 위해 일감을 싸 들고 집에 가는 경우가 많기 때문이다. 사우스웨스트 항공은 일주일에 하루를 '생각하는 날'로 정했다. 직원들은 '생각하는 날'이면 사무실에서 벗어나 호젓한 호숫가를 거닐면서 자신에 대해 생각한다고 한다. 휴가 중에는 일을 못하도록 '죄책감 없는 휴가' 제도를 만든 가전 제품 회사도 있다. 이제 회사는 직원의 가정까지 보살피는 공동체가 되고 있다.

나에게는 너무
특별한 당신, 배우자

나는 평생 화려한 보석들에 둘러싸여 살아왔어요.
하지만 내가 정말 필요로 했던 건 그런 게 아니었어요.
누군가의 진실한 마음과 사랑 그것뿐이었어요.

— 엘리자베스 테일러

언젠가 운전 중에 라디오에서 들었던 퀴즈가 하나 있다. 나이 들어 아내에게 필요한 것 5개, 남편에게 필요한 것 5개를 맞추는 문제였다. 무심결에 나도 골똘히 답을 생각했다.

아내, 큰아들, 작은아들, 일, 성경

생각을 마칠 즈음 정답이 발표되었다.

아내는 딸, 돈, 건강, 친구, 찜질방이었고 남편은 배우자, 집사람,

애들 엄마, 마누라, 와이프였다. 정답을 듣고 혼자서 소리 내어 웃다가, 어느 순간 웃음이 딱 멈췄다. 우스갯소리지만 마치 이 시대 남성들에게 전하는 여성들의 경고문 같았다. '나이 들어 구박받지 않으려면 아내에게 좀 더 잘해 줘야겠다'라고 생각했다. 아마도 정답을 들은 많은 남편들이 나와 비슷한 생각을 했을 것이다.

배우자는 가족이지만 혈연관계는 아니다. 부모 자식 관계는 쉽게 끊어지지 않지만 부부 관계는 다르다. 이혼하는 부부들의 패턴을 살펴보면, 암세포의 발달 유형과 비슷하다. 암세포도 생애 초기에는 동물의 세포 성장과 분화를 도와주는 사랑스러운 유전자다. 그러나 자신의 특정 성격만 고집하다 보면 생애 말기에는, 각종 암을 유발하는 유전자로 변질된다. 연애 초기에는 상대에게 힘이 되고 기쁘게 해줄 일이 없나 눈을 동그랗게 뜨고 찾아본다. 하지만 결혼 후 시간이 지나면서 자신의 주장만 내세우고 배우자 성격만 탓하다가 의견을 좁히지 못하고 결국 이혼한다.

사람이 태어나 가장 긴 시간 동안 함께하는 사람은 배우자다. 요즘 같은 고령화 시대에는 자녀들이 부모의 품을 떠나고 나면 30~50여 년을 부부끼리 보내야 한다. 부부 사이가 소원해진 인생 후반전은 외롭다 못해 서글퍼지고 살맛도 잃게 된다.

외로움은 유전자에 나쁜 영향을 미쳐 질병에 걸릴 위험을 높인다는 연구 결과가 있다. 미국 UCLA 스티븐 콜 교수팀의 연구에 따르면 사회적으로 고립된 사람은 생명 유지에 기본적인 유전자 분포가 비정상적인 것으로 드러났다. 많은 사람과 인간관계를 맺는 것보다 한두 사람이라도 깊은 관계를 맺는 것이 좋다고 했다. 인생 전반에 걸쳐 깊은 관계를 맺기에 가장 적합한 사람은 배우자다.

홈플러스 이승한 회장과 아내 엄정희 교수는 대한민국 중년 대표 닭살 부부다. 이승한 회장은 퇴근 후 집에 도착하면 바로 '오리'를 찾는다. 신혼 초, 삐질 때마다 입을 뾰족 내밀던 아내를 놀리던 말이 30년 넘도록 애칭이 되었다. 하지만 이들 부부 삶에 항상 햇살만 비췄던 것은 아니다. 어렵게 얻었던 아들을 천국에 먼저 보냈고, 이듬해에는 엄정희 교수가 위암 선고를 받았다. 아들을 잃은 충격에 투병 의지도 잃었던 엄정희 교수를 다시 살게 한 것은 남편과 딸의 절절한 사랑이었다. 엄정희 교수는 50대에 석사와 박사 학위를 따고 가정상담 전문가로 활발히 활동하고 있다. 엄정희 교수는 자신이 쓴 행복한 결혼 안내서 《17일간의 부부항해 내비게이터》에서, 부부가 70여 년을 함께 살아야 하는 시대에 서로 매일 노력하는 것이 얼마나 중요한지를 이야기한다. 엄정희 교수는 부부 친밀도를 높이는 비법 중 하나로 병아리, 동아리, 도우미의 끝 글자를 따서 만든 '리리미 가족경영'을 제안한다. 병아리 단계인 신혼 시절의 친밀감을 잊지 않도록, 보고만 있어도 찌리릿 전기 오르던 시절의 편지나 선물을 함께 보면 결혼 생활이 다시 닭살스러워진다고 한다. 그리고 부부가 같은 취미로 동아리 활동을 하면, 함께하는 물리적 시간이 길어지고 대화도 깊어진다고 조언한다. 또한 배우자의 꿈을 위해 서로 도우미가 되어 주는 것이 부부 친밀감 형성에 중요하다고 당부한다.

해결 방법이 없을 정도로 부부 사이가 꼬여 있다면, 하프타임을 적극적으로 이용해야 한다. 결혼해서 10~20년 정도 살았다면 하프타임 시기일 것이다. 이 정도 살면 눈빛만 봐도 상대방의 마음을 알 것이라고 생각한다. 그러나 현실은 그렇지 못하다. 무관심하게 지내는 부부들이 비일비재하다. 또는 부부이기 때문에 서로의 마음을 잘 안다고 착각하거나, 오히려 배우자의 약점이 무엇인지 잘 알기 때문에 의도적으로 상처 주는 말을 골라 하기도 한다. 가장 힘이 되는 사람이 배우자지만, 가슴에 대못을 박는 사람도 배우자일 수 있다. 배우자와의 관계는 모든 관계의 기본이다. 부부 관계는 다른 관계로 대치되어서는 안 된다. 따로 마음을 나누는 사람을 두거나 외도하는 것은 신뢰가 기본인 모든 관계성을 포기하는 것이다.

하프타임을 통해 신혼이나 연애할 때의 단꿈으로 돌아가라는 것이 아니다. 남들은 얼마나 행복한데, 우리는 얼마나 불행한가를 따져 보라는 것도 아니다. 부부라는 특별한 만남을 통해 얼마나 성숙해졌는지, 서로를 통해 얼마나 삶의 지평을 넓혔는지 되짚어 보자는 것이다. 결혼이라는 각별하고 깊은 만남을 통해, 베풂과 섬김을 배우고 있는지를 알아보자는 것이다. 부부 사이는 펄떡거리는 물고기처럼 생생하게 살아 있어야 한다. 남편은 월급만으로, 아내는 밥상만으로 자신의 역할을 한정한다면, 작은 위기에도 서로에게 깊은 상처를 줄 수 있다.

험한 세상을 살면서 배우자가 가장 든든한 지원군이 되도록 서로를 점검하고 묵상하는 시간을 하프타임에 반드시 권한다.

TIP! 하프타임 부부클리닉

장소 : 둥근 탁자가 있는 조용한 공간

1. 나는 진심으로 배우자를 사랑하고 있는지 생각해 본다.
2. 종이 한 장에 배우자의 장점과 단점을 열 가지씩 쓴다.
3. 바로 지금, 서로 행복한지 이야기한다.
4. 부부 생활을 통해 어떤 부분이 성장했는지 대화한다.

5. 부부간에 공동 비전이 있는지, 얼마나 실현되고 있는지에 대해 이야기한다.
6. 시댁과 친정 간의 관계가 건강한지 대화한다.
7. 다른 부부의 부러웠던 결혼 생활 그리고 이혼에 대한 견해를 나눈다.
8. 인생 후반기에 배우자에게 반드시 해주고 싶은 것 다섯 가지씩 쓴다.

· ·

하프타임을 전후해서는 금슬 좋은 부부도 권태기가 올 수 있다. 정기적인 부부클리닉 시간은 권태기와 정서적인 이혼 상태를 벗어나는 좋은 처방이 된다. 부부클리닉에 정해진 답은 없다. 부부가 함께 답을 찾아가겠다는 의지가 매우 중요하다. 내게는 너무 힘든 배우자의 성향이 사실 다른 부부들에게는 전혀 문제가 되지 않을 수 있다. 내 의견이 반드시 '옳다'라는 생각을 내려놓고 열린 마음으로 대화를 하자. 부부클리닉을 하기가 현실적으로는 쉽지 않다. 그러나 이런 시간을 갖기로 함께 결정하는 것만으로도 부부간의 회복이 시작된다.

가장 바람직한 부부의 모습은 한창 연애 시절엔 러브Love 파트너, 결혼 후에는 함께 동행하는 퍼밀리어Familiar(친밀한) 파트너,

마지막에는 소울 메이트Soul mate가 되어야 한다는 말이 있다. 하프타임을 기회로 친밀한 관계를 정착시키고, 소울 메이트가 될 수 있는 발판을 다져야 한다.

나는 수련의 기간이 정말 힘들었다. 술을 마시지 않는다고 선배들에게 따돌림을 당하고, 밤낮 없는 업무에 항상 잠이 부족했다. 게다가 결혼 후 본가와 처가의 문화도 달라서 불편했다. 우리 집안은 행사가 생기면, 집안 어른이 모든 것을 결정하고 일을 배분하는 방식이다. 그러나 처가는 서로 모여 의논을 하고 행사 당사자의 의견을 우선했다. 첫아이 돌잔치를 준비할 때, 무조건 어르신 의견에 따라야 하는 것이 불편했던 아내와 크게 다투기도 했다. 별것 아닌 일로 다투고 있다는 것을 알았지만, 이미 폭발한 마음은 제어가 되지 않았다. 며칠을 서먹하게 보내고 나서 내가 먼저 사과했다. 아내도 흔쾌히 사과를 받아들였다. 다만 같은 분란이 다시 발생하지 않게 하기 위해, 신앙의 본질적인 문제를 제외한 모든 집안일은 아내가 재량껏 맡기로 했다.

이후 자잘한 부딪침은 우리 부부의 친밀성을 높여 주고, 독립성을 인정하는 파트너로 성장하게 했다. 이런 과정은 부부 안에 문제를 지혜롭게 해결하는 능력을 심어 준다. 또한 포용과 이해라는 열매를 맺게 해준다.

부부가 건강하고 행복하게 살다가 금혼식을 맞이할 정도라면,

주위의 부러움을 살 것이다. 하지만 배우자 중 한 쪽이 안타깝게 운명을 다했을 때는 부부 사이가 좋았을수록 상실감이 더 크다. 그래서 금슬 좋은 사람이 재혼할 확률이 더 높다는 통계가 있다.

미국의 동화 작가 타샤 튜더처럼 정원을 손질하고 산양 젖으로 치즈를 만들고 나그네를 맞으며 홀로 여생을 보내는 것도 행복하다. 아니면 시트콤 〈지붕 뚫고 하이킥〉의 순재와 자옥처럼, 불타는 황혼의 사랑을 다시 시작할 수도 있다. 무엇이든 나에게 가장 알맞고, 내가 가장 원하는 형태의 삶에 정직해져야 한다. 다만, 재혼의 경우는 자녀들을 포함한 가족들의 의견도 적절히 배려하여, 불협화음을 줄여 나가는 지혜가 꼭 필요하다. 한국 사회에서는 가족 간에 평화 없이 부부가 행복하기는 어렵다.

통계청의 2008년 발표 자료에 의하면 15~19년 이상 동거한 부부의 이혼율이 2005년 이후 17퍼센트 이상 증가했다. 자녀가 결혼한 다음에 하는 '황혼 이혼'과 자녀들이 대학교에 들어간 다음에 하는 '대입 이혼'이 일종의 트렌드가 되었다.

뒤늦은 이혼이 자아실현의 장으로 비춰질 수도 있지만 현실은 매우 비참하다. 당장이야 지긋지긋한 관계를 청산하니 시원하겠지만 살아갈 일이 녹록치 않다. 자녀들이 부모의 이혼에 동의했다고 해도 가정의 해체는 수순이다. 극단적인 선택을 하기 전에, 적극적으로 관계를 개선하려는 노력이 필요하다. 오랜 세월 살면서 앙금이 쌓여 폭발하기 때문인지 생각보다 작은 일에 목숨 걸고 싸우는 부부들이 많다. 각자 조금씩만 양보하고 조금씩만 배려해도 서로에게 감동을 줄 수 있다.

70여 년간에 걸쳐 하버드 졸업생들을 설문하고 면담한 자료를 토대로 집필한 조지 베일런트 박사의 인생성장 보고서 《행복의 조건》에는 이런 내용이 있다. "짐 하트는 유년기는 비참하게 보냈지만, 연구 대상자들 중에서 가장 훌륭한 노후를 보낸 사람 중 하나였다. 무뚝뚝하기 그지없던 어린아이가 자애로운 할아버지로 바뀐 것이다. 그러나 그 변화는 어느 날 갑자기 이루어진 것이 아니다. 그가 불행한 과거를 딛고 놀라운 회복탄력성을 발휘할 수 있었던 가장 중요한 요인은 바로 행복한 결혼 생활에 있었다." 행복한 결혼은 결코 누구 하나의 헌신으로만 되는 것이 아니다. 나의 관점으로 배우자가 매우 한심한 인생을 살고 있다면 '그 삶에 나도 일조하지 않았는가?'라는 고민을 해봐야 한다.

골프를 치는 남편 옆에서 우아하게 "나이스 샷!"을 외치는 아내, 주말이면 앞치마를 두르고 아내를 위해 브런치를 만드는 남편. 드라마나 다른 부부가 늘어놓는 행복 소설에 비해 자신의 결혼은 상대적으로 비참하다고 생각하는 경우가 종종 있다. 그러나 부부간의 내밀한 행복을 상대평가하는 것은 바람직하지 않다. "원수야, 원수" 하면서도 평생을 함께하는 부부가 있고, 모범 부부로 공인되던 커플이 하루아침에 이혼했다는 소식을 듣기도 한다. 보는 것, 듣는 것만으로는 판단하기 어려운 관계가 부부다. 부부는 남들은 이해할 수 없는 내 배우자의 특별함을 사랑으로 품을 수 있는 유일한 관계다.

월간 〈복음과 상황〉 황병구 편집위원장은 그의 책《관계중심 시간경영》에서 부부의 아름다운 관계를 소개하고 있다. 그는 연애 시절, 말로 하기에는 쑥스러운 이야기들을 연애노트에 글로 써서 아내와 주고받았다. 결혼 후에도 몇몇 기념일에 연애노트를 나누고 있다. 연애노트로 특별한 날을 축하해 주고, 새해의 소망을 나눈다. 결혼 16주년에는 노래를 지어 아내에게 들려주었다. 황병구 편집위원장은 아내와 소소한 일상을 나누는 것은 물론이고, 삶의 가치도 함께 정한다. 내일의 성공을 위해서 오늘 알뜰하게 사는 것이 아니라, 나의 몫을 미리 의미 있게 나누어 삶을 가볍고 검소하게 살자고 부부는 의견을 모았다. 그렇기에 아동권리 교육 강사로, 미혼모와 낙태문제를 예방하기 위한 예비 부모 교육 강사로, 부모 자녀 대화법 강사로, 세계의 빈곤과 기아문제를 환기시키며 이웃을 돕는 습관을 가르치는 세계시민 교육 강사로, 교통비와 식사비 정도의 강사료에 만족하며 동분서주하는 아내를 황병구 편집위원장은 칭찬한다.

8캐럿 다이아몬드가 없으면 사랑의 진정성이 확인되지 않고,

한 푼이라도 더 벌어 가계에 도움을 주는 것이 당연한 요즘 세태로는 받아들이기 어려운 특별함이다.

부부는 나이가 들어감에 따라 친밀감이 더 깊어져야 한다. 자녀 양육에 대한 부담이 줄어들고, 사회생활에도 여유가 생기기 때문에, 한마디로 같이 놀 친구가 필요하다. 하지만 부부가 함께 살아가는 햇수가 길수록 오히려 친밀감은 떨어진다는 연구 결과가 있다. 20대에 친밀감이 80퍼센트이고 역할 수행이 20퍼센트였던 수치가, 50대가 되면 친밀감은 20퍼센트 역할 수행은 80퍼센트로 역전한다. 30여 년을 함께 살아야 하는데 아내, 남편이라는 역할만 있고 친밀감이 없다면 얼마나 고통스러울까?

모든 질병에 전조 증상이 있듯이, 부부간의 애정전선 이상에도 전조 증상이 있다. 외도와 실직처럼 결정적 원인도 있지만, 배우자의 생일이나 기념일을 챙기지 못한 것이 무관심과 원망으로 번지기도 한다. 친밀하다는 이유로 배우자를 함부로 대하면 안 된다. 작은 구멍이 둑을 무너뜨릴 수 있다는 것을 기억하고 상대방의 작은 것에도 신경을 써야 한다.

평소에 내가 사람들에게 권하는, 부부 친밀도를 깊게 하는 오계명은 다음과 같다.

첫째, 사랑을 제대로 표현하자.

"사랑한다", "고맙다" 등 서로에게 마음을 전하자. 표현할 수 있는 것도 실력이다. 닭살 표현이 처음에는 어색하겠지만 익숙해지면 든든한 관계 지킴이가 된다. 부부간에 말을 아끼지 말자. 어떤 사랑도 침묵을 배겨 낼 수는 없다. 하지만 배우자의 단점을 공공연하게 이야기하는 것은 위험하다.

둘째, 배우자의 말에 맞장구를 쳐주자.

남녀를 막론하고 타인과 자신의 생각이 일치된다고 느낄 때 사람은 편안함을 느낀다. 그런데 부부 사이에 가장 부족한 것이 맞장구다.

판소리에 추임새가 붙어야 흥이 나듯 배우자의 말에 "그랬어?" "어머, 힘들었겠다", "어쩜 그럴 수가 있어요?" 등 맞장구를 쳐주자. 이것만으로도 친밀감은 배가 된다.

셋째, 부부가 함께 재미난 놀거리를 만들자.

노후를 즐겁게 보내기 위해서는 둘이서 함께하는 놀거리가 필요하다. 배우자가 즐겨 노는 분야에 관심을 갖고 배우자의 취미를 함께해 보자. 단, 취향이 너무 다르면 각자의 기호를 인정해 주는 지혜도 필요하다. 취미생활을 강요하면 사이가 틀어질 수도 있다.

넷째, 내 사람의 향취는 내 배우자에게서만 느끼자.

나이가 들면서 남녀 모두 "여성으로서 끝이다", "남성으로 끝이다"라는 생각을 갖게 된다. 권태감에 한눈팔기도 한다. 남자는 화성에서 오고 여자는 금성에서 왔다는 말처럼 남녀는 성에 대한 다른 바람을 가지고 있다. 서로의 성적 환상을 솔직히 이야기하고, 재미있게 들어주며, 서로를 만족시키도록 노력하는 모습은 아름답다. 배우자만큼 원시적으로 함께 놀 수 있는 상대는 없다. 성적 놀이터에서는 배우자가 세상에서 가장 멋진 이성임을 꼭 기억하자.

다섯째, 어떻게 늙어 갈지 역할 모델을 만들자.

'저렇게 늙어야지'라고 생각할 수 있는 역할 모델을 만들자. 역할 모델이 있으면 자연스럽게 그들을 닮아 가려 노력하게 되고, 그들이 살아 낸 산전수전법도 전수받게 된다. 우리 부부의 롤 모델은 양가 부모님이다. 두 어르신 부부께서는 부부 사랑이 남다르다. 나의 부모님은 자녀를 앞에 두고 배우자를 폄하하는 경우가 절대 없다. "너희 어머니만큼 김치를 잘 담그는 사람은 없다", "젊을 때부터 아버지는 성실하기로 정평이 있었다" 등 자녀에게 항상 배우자의 좋은 점을 이야기한다. 장인 장모께서는 평생을 신혼 기분으로 사신다. 얼마 전에는 두 분이 결혼에 골인하기까지의 연애사를 노래로 만들어, 자녀와 손주들에게 들려주셨다. 험난한 인생을 함께 한 노부부의 사랑은 모두를 감동시켰다.

나이가 들어 아프면 배우자의 존재는 더 특별해진다. 긴 병에 효자 없다. 자식에게 간병을 기대하는 것은 무리다. 하지만 배우자는 다르다. 허랑방탕하게 살았던 지아비가 병이 들어 염치없게 본가를 찾아도, 조강지처가 정성껏 간호한다는 이야기는 주위에 무수히 많다. 뻔뻔하게 노후를 의지하지 않으려면 배우자가 있을 때, 건강할 때 잘해야 한다.

실제로 가족의 보살핌이 얼마나 극진하냐에 따라 환자의 치료 결과도 다르다.

간암에 걸린 한 50대 여성이 병원을 찾아왔다. 나를 찾아왔을 때는 암세포가 간에서 폐로 전이되어, 1개월밖에 살지 못한다는 진단을 받은 후였다. 단 하나의 희망이 있다면 그녀를 살리겠다는 남편의 각오였다. 남편은 아내가 없는 자리에서 나를 붙들고 아내 대신 죽을 수 있게 해달라며 눈물을 흘렸다. 환자는 시집온 후 시어머니의 고된 시집살이로 내내 속앓이를 해왔다. 외동아들인 남편은 어머니 마음도 헤아려야 했기 때문에, 아내 입장이 되어 위로를 해주지 못했다고 한다. 이대로 아내를 보내면 자신을 용서할 수 없다고, 아내 없이 살 수 없다고 흐느끼는 남편을 보면서, 나는 이 환자의 희망을 느낄 수 있었다. 예상대로 아내는 남편의 극진한 정성으로 삶의 의지를 되찾았고 치료 결과도 좋았다.

반면 이 여성과 거의 같은 상황이었던 다른 환자는 너무나 허망하게 세상을 떠나 마음이 아팠다. 40대 중반인 그는 두 번 정도 치료를 받고 연락이 없었다. 나중에 그와 같은 교회에 다니는 다른 환자로부터, 그가 이미 세상을 떠났다는 이야기를 전해 들었다. 이혼 후 고등학교 3학년인 아들과 단 둘이 살고 있던 그는 암이라는 사실을 알고서도, 마땅히 의지할 곳이 없었다고 한다.

사람의 몸에서 암이 발병하지 않는 곳이 거의 없다. 그런데 심장은 거의 암에 걸리지 않는다. 왜 그럴까? 심장은 부지런히 박동하면서 몸을 따뜻하게 데워 주기 때문이다. 심장은 쉬지 않고 박동하기 때문에 세포가 암으로 변질될 여지를 주지 않는다. 배우자와의 관계도 심장처럼 계속 뛰어야 한다. 인간관계 전문가들은 아무리 애정이 있어도, 연인을 신경 쓰지 않고 내버려 두어도 자연스럽게 좋은 관계가 유지되리라는 기대를 버리라고 충고한다. 내 배우자라는 존재를 당연히 여기지 말고 끊임없이 노력해야 행복한 결혼 생활이 유지되고 성장하는 것이다. 배우자와의 관계를 정성껏 살피고, 부지런히 움직여서 나쁜 응어리가 쌓일 틈을 주지 않아야 한다.

아이 속에
내가 있다

> 부모된 사람들의 가장 큰 어리석음은
> 자식을 자랑거리로 만들고자 하는 것이다.
> 부모된 사람들의 가장 큰 지혜로움은
> 자신들의 삶이 자식들의 자랑거리가 되게 하는 것이다.
>
> ─작자 미상

눈에 넣어도 안 아플 것 같던 자식이 원수보다 더 모질게 굴 때가 있다. 사춘기를 겪는 중고등학생 때나 세상 물정 모르고 대학 진학을 앞두었을 때다. 인생 후반전의 시작이 대부분 이 시기와 맞물린다. 아버지는 명예퇴직을 앞두고 직업이나 삶의 방향을 전환하기 위해 고민하고, 어머니도 자식을 위해 맞벌이 현장에서 고군분투하는 시기다. 한마디로 가족 모두가 힘겨운 각개전투를 벌이는 상황이다.

이렇게 갈등이 극명할 때는 어떤 바른 소리를 해도 씨알이 먹히지 않는다. 예로부터 자식 농사가 제일 어렵다 했다. 아무리 사회적으로 성공했다고 해도, 아이들이 엇나간다면 성공의 대가가 너무 치명적이다. 이런 일이 벌어지지 않도록 자녀들이 어릴 때부터 미리 올바른 부모상을 세워야 한다.

요즘 아이들은 우리 어릴 적보다 영민하다. 부모들이 싸우면, 가정 해체에 대한 불안과 두려움을 느끼며 심지어 누구를 선택할지에 대해 자기들끼리 의논한다. 살다 보면 다투기 마련이다. 싸우지 않고 살 수는 없다. 하지만 다툴 일이 생기면 가능한 낮은 소리로 부부 방에서 한다. 다툼의 기미를 자녀들이 안다면, 다툼의 원인과 결과까지 알려 주어야 아이들이 덜 불안해한다. 교육이 백년대계라면 가정은 천년만년대계다. 우리 안에는 조부모, 고부모가 살아 낸 정신이 면면히 살아 있다. 우리가 사는 법이 우리 아이들과 또 아이들의 아이들에게 이어질 것이다.

나는 4살 터울의 두 아들이 있다. 당연히 사랑하지만 늘 세심하게 마음을 쓰지는 못한다. 그래서 매월 말일마다 '자녀 궁금 리스트'를 만들어 본다.

'현재 아이들이 제일 고민하는 것이 무엇일까?'

'가장 친한 친구가 누구일까?'

'가장 존경하는 사람은 누구일까?'

'사귀는 여자친구가 있나?'

내 나름대로 답을 구한 다음, 주말에 아이들에게 확인해 본다.

"성엽아, 요즘에도 귀동이랑 운동하니?"

"아니, 귀동이는 이제 반이 달라서 자주 못 봐요."

"그래? 그럼 누구랑 농구하니?"

"농구는 잘 못하고, 영민이랑 가끔 게임만 해요."

이런 식으로 대화를 하다 보면 아이의 교우 관계를 대충 파악하게 된다. 마지못해 하는 숙제처럼 아이들과 대화하면 오래 못한다. 자녀들의 비밀 수첩을 들여다보듯 흥미를 가지고 하다 보면 즐거운 놀이가 된다.

나는 아이들이 한국에 있을 때면 새벽기도를 다녀와서 다섯 구절씩 돌아가며 성경을 읽고 묵상한다. 그리고 말씀에 비춰 삶과 소망을 나눈다. 마냥 어린아이로만 보이던 아이들이 제법 자신의 생각들을 나누고, 뜻밖의 관점으로 의견을 내놓아 놀라기도 한다. 이제 아들은 내 고민까지 들어준다. 20여 년을 이어 온 의료 선교지를 필리핀에서 몽골로 옮겨야겠다는 말을 맏아들에게 했다. 아들은 왜 그런지를 조목조목 나에게 되물었다. 아들의 물음에 답을 하다 보니, 어느새 생각이 정리되고 나의 결심에 확신이 생겼다.

영화나 책을 함께 정해 놓고 이야기를 나누어도 좋다. 방법과 상관없이 꾸준히 자녀와 대화하는 것이 중요하다. 유연하게, 즐겁게, 함께할 수 있는 것들을 찾아보는 기쁨을 놓치지 않기 바란다.

가족이 1년에 한 번이라도 도움의 손길이 필요한 곳으로 가서, 함께 봉사하는 것도 추천한다. 가족이 함께하는 봉사는 인생의 참다운 가치를 이해하고, 삶의 뼈대를 튼튼하게 만드는 데 큰 힘이 된다.

우리 가정은 22년 동안 필리핀 의료봉사를 함께 다니고 있다. 의료봉사를 나가기 전 10~12주 동안 준비를 한다. 이 기간에는 의료봉사를 자원한 50~70여 명 대원들이 함께 모여, 서로 섬기고 베푼다. 의료봉사 비용은 자비량이다. 누군가가 경제적으로 힘들면 부족한 부분을 서로 소리 없이 지원해 주기도 한다. 아이들은 의료봉사 대원들의 모습을 보면서 친구 같은 어른, 권위 있는 어른, 열정적인 어른 등 부모가 다 보여 줄 수 없던 모습을 보면서 바람직한 부모상을 가지게 된다.

공자는 왕들을 가르쳤지만 정작 자신의 아들은 직접 가르치지 않았다. 부모가 자녀를 직접 가르치면 서로 감정이 상할 수 있고, 서로를 신뢰하는 끈끈함이 형성되기 어렵다고 생각했기 때문이다. 우리 선조들이 부모가 직접 자녀를 교육하지 않고, 할아버지나 할머니를 통해 '격대 교육'(할아버지가 손자, 할머니가 손녀를 맡아 잠자리를 함께하면서 교육하는 것)을 한 것도 비슷한 이유다. 조부모와 함께 사는 가족 형태가 드물기 때문에 공동체 안에서 다양한 스승을 만나는 것이 좋다. 또한 가정 외의 공동체에서 부모의 남다른 모습을 경험하게 되면, 사춘기를 반항과 질주가 아닌 자성과 성숙의 시간으로 보낼 수 있다.

2009년 의료봉사 때는 치과의사 한 분이 외국에서 유학 중인 고등학생 아들과 함께 참가했다. 봉사 일정을 정리하는 나눔 시간에, 아들은 아버지와 이렇게 많은 시간을 함께한 것이 평생에 처음이라고 말했다. 그러면서 아버지가 이렇게 힘들게 일하는 줄 정말 몰랐다고 존경스럽다며 눈시울을 붉혔다.

우리 아이들은 꼬맹이 때부터 나와 함께 필리핀 의료봉사를 다녔다. 처음에는 원주민 아이들과 노는 것이 일이었지만, 커가면서 고사리 손으로 약도 싸고 식사도 준비했다. 2009년 여름에는 맏아들인 창엽이가 내가 수술하는 동안 불을 비춰 주었다. 수술 내내 아들은 눈물을 흘렸다. 창엽이는 아픈 환자를 위해 불을 밝히는 것 외에는 자신이 할 수 있는 일이 없어 속상했다고 한다. 그리고 열악한 환경 속에서 연신 땀을 흘리며 환자를 수술하는 아버지를 보면서, 자신도 실력 있는 의사가 되겠다고 결심했단다. 나는 눈물을 멈추지 않았던 아이의 마음을 읽고는 아들을 꼭 안아 주었다.

'자녀들은 부모가 걸어간 삶의 뒷자락을 보며 자란다'는 말이 있다. 나는 부모가 제대로 사는 것이 가장 좋은 교육이라는 믿음이 있다. 그래서 틈이 날 때마다 아이들과 대화하고, 아이들이 멀리 있을 때는 꾸준히 편지나 이메일을 보낸다. 나도 처음부터 훌륭한 아버지는 아니었다. 나도 하프타임을 경험하기 전에는 초보 아빠를 벗어나지 못해 우왕좌왕했다. 세상의 성공, 아이의 꿈, 나의 바람 등 무엇을 잡고 무엇을 놓아야 하는지, 어디까지 선택해주고, 어디까지 책임져야 하는지 등 갈피를 잡지 못했다.

나는 하프타임에 아이들과의 관계를 고민하면서 '자녀에게 무엇을 물려주어야 하는가?'를 스스로에게 물었다. 답을 찾아가다 보니, 내가 아이에게 바라는 바와 내가 어떤 부모가 되고 싶은지를 깨닫게 되었다. 결국 '아이가 어떤 어른으로 성장하기를 바라는지'를 알게 됐다.

나는 물질적 유산은 크게 신경 쓰지 않기로 했다. 대한은퇴자협회에서 50대 이상 251명에게 '자녀에게 물려주고 싶은 것'을 질문했다. 결과는 '집과 부동산'(37퍼센트)이라는 대답이 가장 많았다. 다음으로는 '자립할 수 있는 비용'(33퍼센트), '삶의 유산'(20퍼센트) 순이었다. 자녀가 살아가는 데 물질은 분명 도움이 된다. 하지만 단지 그것만 물려준다면 부모는 자녀들의 경제적 디딤돌에 지나지 않는다. 물질적 유산은 지나치면 오히려 자녀의 앞길을 망칠 수 있다.

암으로 생애 말기를 보내던 한 80세의 암 환자는 자녀가 6명이었다. 땅이 많았던 어르신은 임종을 맞기도 전에 유산으로 갈등하고 싸우는 자녀들을 지켜봐야 했다. "돈이 원수가 되었다"며 가슴을 치다가 임종을 맞으셨다. 나중에 들은 얘기로는 자녀들이 서로 유산 분할 소송을 내고, 유산 문제로 이혼한 자녀도 있다고 했다. 비참한 결과다. 우리 사회 일각에서 전개되는 '유산 안 남기기 운동'은 이와 같은 병폐를 막아 준다. 앤드루 카네기의 말처럼 '신성한 위탁물'인 재물을 사회에 돌려주는 것이 자녀에게 더 큰 유익이 되지 않을까?

내가 주목한 것은 정신적인 유산이다. 정신적 유산은 평생에 걸쳐 자녀에게 남겨 주는 부모의 인생 지침이며 삶을 살아갈 핵심 가치다.

다산 정약용이 살아생전 자녀들에게 전한 정신적 유산은 지금도 많은 이들에게 귀감이 되고 있다. "나는 논밭을 너희들에게 남겨 줄 만한 벼슬을 못했으니, 오직 두 글자의 신비로운 부적을 주겠다. 그러니 너희는 이것을 소홀히 여기지 말라."

다산이 전한 두 글자는 '근'勤, '검'儉 이었다. 다산은 죽을 때까지 소박한 삶을 솔선수범하면서 후손들에게 큰 본이 되었다.

동화 작가 안데르센의 아버지는 아들에게 무한한 상상력을 유산으로 남겨 주었다. 안데르센의 집은 아주 가난했다. 아버지는 구두 수선공, 어머니는 가정부였다. 같은 마을에 사는 귀족과 지주의 자녀들은 안데르센과 어울리지 않았다. 안데르센의 아버지는 친구가 없는 아들의 친구가 되었다. 일을 마치면 아들과 산책을 하며, 고생했던 자신의 어린 시절과 가난한 이웃들의 이야기를 들려주었다. 그리고 직접 목각 인형을 만들어 덴마크 극작가들의 희곡을 대본 삼아 인형극 놀이를 해주었다. 이런 경험은 훗날 안데르센이 《인어공주》, 《미운 오리새끼》 등의 감동적이고 섬세한 동화를 쓸 수 있는 소중한 유산이 되었다.

방사선 물질 연구로 노벨물리학상(1903)을 공동수상한 피에르 퀴리와 마리 퀴리 부부는 '평등'이라는 정신적 유산을 자녀들에게 남겨 주었다. 여성의 권익이 높지 않았던 시절, 퀴리 부부는 평등한 관계에서 연구하고 공평하게 공을 나누어 가졌다. 마리는 남편 피에르의 갑작스런 사고 후에도 지속적인 연구를 통해 라듐과 폴리늄을 발견해서 노벨화학상(1911)을 수상했다. 서로를 존중해 주는 부모의 영향을 받은 장녀 이렌느 부부도 인공방사능을 발견해 노벨상을 수상했다.

자녀들에게 물려줄 정신적 유산을 찾기 위해 '좋은 아버지 학교' 같은 프로그램을 찾는 이들도 많아졌다. 이 학교에 입학하면 '좋은 아버지'가 되기 위해 우선 자신을 키워 준 아버지를 추억하고, 아버지에게 편지를 쓴다. 그리고 자신의 아버지 모습을 통해,

현재의 나를 돌아본다.

'나는 과연 좋은 아버지인가?'

'아이들은 나를 어떤 아버지로 기억할까?'

'나는 아이들에게 어떤 정신적 자산을 남길 수 있을까?'

하프타임에는 이런 프로그램에 참석하는 것도 좋다. 이런 경험을 통해 부모로서의 정체성을 찾고 자녀와의 관계도 새로워질 것이다.

칭찬은 고래도 춤추게 한다. 자녀들은 특히 격려와 칭찬을 먹고 성장한다. 그러나 우리나라 부모들은 자녀 칭찬에 인색하다. 이웃집 어른들이 "이 집 아들은 키도 크고 참 듬직해요"라고 칭찬하면 대부분 부모들이 "허우대만 크지, 뭐 할 줄 아는 것이 없어요"라고 겸손하게 대답한다. 자식 자랑은 팔불출이라지만, 칭찬을 못 듣고 자란 자식은 열등감이 많다. 언제나 부모 앞에서는 작아지고 고개를 떨구게 된다.

〈기적〉이라는 드라마에서, 암으로 시한부 삶을 선고받은 아버지가 평소에 사이가 소원했던 딸을 찾는 장면이 나온다. 아버지가 어색하게 찻잔을 마주하던 딸에게 묻는다.

"너 어릴 적에는 우리 괜찮았는데, 넌 왜 내가 싫으냐?"

"아니에요"라고 고개를 흔들던 딸은 잠시 침묵한 후 이야기한다.

"내가 중학생 때, 밤늦게 집에 손님이 오셨어요. 자던 저희를

굳이 깨워 손님들 앞에 세우시더니, 오빠는 수재라 일등을 놓치지 않고, 막내는 늦둥이라 귀여운 짓은 골라 한다고 했어요. 그러고는 들어가라고 하셨죠. 저는……. 저는 없는 사람 취급하셨어요. 그리 내세울 것은 없었지만, 그래도 글은 잘 썼는데…….”

고개를 떨구며 우는 딸을 보면서 난감해진 아버지는 "그런 일이 있었냐?"고 반문한다. 미움보다 무서운 게 무관심이다. 부모는 기억도 못하는 일이 자녀에게는 평생 지고 가는 상처가 될 수 있다.

"뭐 칭찬할 것이 있어야 하죠. 잘하는 것이 도대체 없습니다."

'보고 싶은 것만 보인다'는 말이 있다. 긍정의 마음으로 보면, 사소해도 잘한 일들이 보인다. 아이들은 언제나 부모의 칭찬을 기대한다. 칭찬받고 싶어서 무슨 일을 하려다가 실수하기도 한다. 잘나가는 대기업의 임원 가정에 딸이 한 명 있었다. 걱정 없는 집안에 딸이 말썽이었다. 그 부모는 딸 문제로 교회의 목사와 상담을 했는데, 그 목사는 딸에게 1년간, 무조건 '수고했다' 말해 주라고 했다. 속이 터지는데 어떻게 '수고했다'고 마음에도 없는 소리를 하냐고 하니, 목사는 "1등이 학교 가는 것이 무엇이 힘들겠습니까? 꼴찌인데도 학교에 나가야 하는 마음이 더 곤혹스럽지 않겠습니까?"라고 말했다. 듣고 보니 그랬다. 그래서 집에 들어가면 "학교 다녀오느라 수고했다", "밥 먹느라고 수고했다" 등 늘 수고했다며 칭찬해 주었다. 어느 날은 정말 딸이 얼마나 힘들어하는가가 느껴져 안방에 가서 한참을 울었다. 처음에는 놀란다고 화를 내던 딸이 6개월이 지나고는 달라졌다. 그 딸은 지금 미국 명문 대학에서 공부하고 있다. "잘한다, 잘한다"라고 칭찬하면 아이들은 더 잘하려고 한다.

나는 아들만 둘이다. 딸처럼 살갑게 굴지는 않는다. 그래서 내가 자주 아이들을 안아 준다. 쑥스러운지 반응은 별로 없지만, 반가워하는 마음은 느껴진다. 나는 보호자들에게 환자를 많이 안아 주라고 한다. "우리 그런 거 안 한 지 오래 됐습니다"라고 손사래를 하지만, 치료이기 때문에 억지로라도 해야 한다고 강요한다. 나중에는 포옹의 위력을 알고는 더 잘 안아 준다. 아기가 엄마의 심장 고동을 들으며 안정감을 느끼듯이 스킨십은 강력한 위로가 된다. 손을 잡아 주고, 어깨를 두드려 주고, 안아 주고, 쓰다듬어 주고, 팔짱을 끼는 등의 친밀한 행동이 거듭될수록 마음은 가까워지고 몸은 건강해진다.

자녀와의 깊은 친밀감은 기적 같은 삶을 가능하게 한다. 릭 호이트는 태어날 때, 탯줄에 목이 감겨 뇌성마비가 되었다. 의사는 릭이 움직이지도 말하지도 못할 것이라고 진단했지만 릭의 부모는 릭을 다른 아이들과 똑같이 키우겠다고 했다. 호이트 가족은 바다에서 수영을 할 때도, 외식을 갈 때도 늘 릭과 함께 했다. 12살 릭이 '호프머신'이라는 컴퓨터 프로그램을 통해 처음으로 말을 하게 되었을 때, 릭은 "달리고 싶다"라고 말했다. 아버지 딕은 아들의 꿈을 이루어 주기 위해 직장을 그만두고 마라톤과 수영 그리고 자전거를 연습했다. 호이트 부자는 950회 이상의 레이스와 60회 이상의 마라톤에 참가했다. 철인 삼종 경기에도 도전했다. 69세의 아버지 딕은 47세의 아들 릭을 태운 110파운드 무게의 보트를 몸에 매고 2.4마일을 수영했고, 아들 휠체어를 끌고 112마일이나 자전거를 탔으며, 아들 휠체어를 밀며 26.2마일을 달렸다. "아버지가 있어 모든 것을 할 수 있었어요"라는 아들의 말에 아버지는 "네가 있어 내가 모든 것을 할 수 있었다"고 대답한다. 릭은 고등학교를 졸업한 후 보스턴대학에서 학위를 취득했다.

많은 부모들이 자녀 입에 금수저를 물려 주기 위해서, 아득바득 재산을 모은다. 그러나 자녀에게 줄 수 있는 가장 큰 선물은 부모 자신이다. 쉼 없이 달려야 하는 인생에서, 우승을 놓쳐 울먹이는 자녀를 위로하는 가장 큰 언어는 '꼭 안아 주기'다.

TIP! 성격유형별 자녀 칭찬법

마중물이 있어야 땅속 지하수를 펌프로 끌어올릴 수 있다. 땅속 지하수처럼 우리 아이들은 무한한 가능성이 있다. 그 가능성을 끌어올리는 마중물이 바로 칭찬이다. 〈아름다운가정연구소〉가 발표한 자녀 성격 유형별 칭찬 방법을 소개한다.

이성적인 머리형 자녀

사실 그대로 칭찬한다. 이때 군더더기 없이 간결하게 칭찬해야 한다. 사실에 맞게 칭찬하고 왜 고마운지 정확히 밝혀 주어야 진심이 담긴 칭찬으로 받아들인다. 머리형은 합리적이고 이성적이기 때문에 칭찬이 과장되면 부담스러워한다.

감성적인 가슴형 자녀

가슴형은 인정과 칭찬에 민감하다. 약간 과장된 칭찬이 오히려 효과가 있다. 다른 사람의 사랑과 인정을 받아야 비로소 행복을 느끼고 그에 상응하는 자아상을 만들어 가며 성장하는 유형이다. 가슴형 아이들에게 칭찬과 인정은 영혼의 비타민과 같다.

실리적인 장腸형 자녀

장형은 핵심만 명료하게 말하는 것이 좋다. 또 백 마디 칭찬보다 맛있는 음식이 더 효과적이다. 말의 성찬보다는 실질적인 보상에 마음이 움직인다. 칭찬을 하면서 실제적인 보상을 주면 더욱 만족한다.

동료만 한
동무가 없다

온 세상 다 나를 버려
마음이 외로울 때에도
저 맘이야 하고 믿어지는
그 사람을 그대는 가졌는가.

— 함석헌 〈그 사람을 가졌는가〉 중에서

'직장 스트레스 1위가 무엇인가?'라고 40대 직장인 705명에게 물었다. 온라인 구직사이트 잡코리아의 2007년 조사 결과에 의하면 '상사·부하와의 관계'가 47.3퍼센트로 1위였다. 대한민국 직장인 평균 근무 시간은 9시간 42분이다. 수면 8시간과 출퇴근 2시간을 뺀 나머지 시간의 70퍼센트를 직장에서 보내는 것이다.

그러나 직장인에게 "가까운 사이가 누구인가?"를 물어 보면 열에 아홉은 몇 년째 전화 통화만 하는 친구, 집안 대소사 때나 얼굴을 보는 친척 등을 이야기한다. 동료는 가깝고도 먼 사람이다. 동료를 직장 스트레스 1위인 경쟁 상대로 대할 뿐 동무로 삼지는 못하는 게 우리 현실이다. 동무는 '친구'라는 뜻 외에 '짝이 되어 함께 일하다'라는 뜻이 있다. 원하든 원하지 않던 늘 붙어서 일해야 하는 동료만큼 적합한 동무는 없다.

얽힌 실을 푸는 방법은 여러 가지가 있다. 엉킨 것을 단박에 잘라 다시 이을 수도 있고 시간을 들여 한 군데를 살살 풀어내면서 풀기도 한다. 사람과의 관계도 이와 같다. 뒤돌아보지 않고 만남을 끊는 것이 현명할 때도 있지만, 동료처럼 매일 만나야 하는 관계는 공을 들여 얽힌 실을 푸는 것이 좋다.

직장에서 생활하다 보면 사람들의 의견은 아랑곳하지 않고 반드시 자신의 생각대로만 일을 처리하려 하거나, 공적인 자리인데도 감정적인 발언으로 마음을 해치는 동료가 있다. 단박에 끊어내고 싶은 마음이 굴뚝같다.

이런 우화가 있다. 터키인이 길을 가던 성자를 보고 말했다.
"참 못생긴 사람이군!"
성자가 대답했다.

"맞아요. 잘 보았소."

길을 더 가다 만난 인도인은 성자를 보고 말했다.

"아, 세상을 비추는 아름다운 태양이십니다."

성자는 "친구여, 잘 보았소. 그대 말이 맞소"라고 했다.

성자를 따르던 사람들이 물었다.

"어째서 영판 다르게 보는 두 사람을 모두 옳다고 하십니까?"

성자가 대답했다.

"나는 하나님 손으로 맑게 닦인 거울이라네. 저 두 사람은 내게 와서 각자의 모습을 보는 것이야."

자신의 존재에 대한 건강한 자기 정체성이 있다면 어떤 비난도 이겨 낼 수 있다. 특별히 본질에서 벗어난 이야기가 아니라면 서로 각을 세우기보다는 적당히 맞장구를 쳐주는 것이 좋다. 사실 나의 해석에 따라 동료는 동무가 될 수도, 적이 될 수도 있다. 발상만 전환하면 누구나 가르침을 주는 선생이 된다. 깐깐한 상사는 나의 느슨한 업무 패턴을 조여, 능력을 배가시켜 준다. 여유로운 동료는 나의 조급한 성격을 다듬어 업무를 즐길 수 있도록 해준다. 총명한 후배는 나의 무지와 게으름을 떨치게 하는 좋은 약이다. 유치한 상사는 내가 멋진 상사가 될 수 있도록 해주는 반면교사다.

우리 병원에서 일하는 김경남 간호사와 황용미 간호사는 정말 명랑하다. 아침마다 진료실 문을 빠끔히 열고는 "원장님, 좋은 아침입니다. 무슨 차를 드릴까요?"라고 인사한다. 간혹 아침에 기운이 없어도 간호사의 명랑한 아침 인사를 들으면 힘이 난다. "아침에 인사하지 않는 사람과는 사업을 하지 마라"는 말이 있다. 기분 좋은 아침 인사와 작은 칭찬은 신바람 나는 직장을 만들어 준다.

직장마다 살짝 껄끄러운 동료가 한둘은 있다. 이유 없이 나를 싫어하는 사람도 있다. 대인관계가 부드럽지 않은 사람도 있다. 하지만 딱 한 달만, 처음 보는 사람처럼 묵은 감정을 접고 아침 인사를 건네 보자. 그러면 어느 결에 달라진 동료를 느낄 수 있다. 따로 시간을 내야 하는 것도 아니고, 돈을 들여야 하는 것도 아니다. 심술궂은 동료의 시선에도 당당하고 꿋꿋하게, 그저 아침 인사를 건네면 된다.

내가 MBC 희망특강 〈파랑새〉에서 서진규 박사에 대해 소개한 적이 있다. 가발 공장 직공 출신인 그녀는 하버드대학에서 박사 학위를 받았다. 그녀는 동료들과 좋은 관계를 맺어 성공한 대표적인 예다. 가난한 엿장수의 딸이 식모살이하러 미국으로 들어갔다가, 군에 입대하여 자신보다 열 살이나 아래인 젊은 사병들의 빨래나 청소를 솔선해서 해주었다. 그녀는 남들이 귀찮아하는 일들을 앞서서 처리했다. 많은 사병들이 그녀를 따르고 공부를 도와줘서 전체 사병 200명 중 일등으로 학교를 졸업할 수 있었다. 하버드 박사 시절 역시, 다른 학생들보다 스무 살이나 많지만, 굴곡진 인생 경험을 토대로 오히려 동기들을 상담하고 격려하면서 관계를 쌓아 갔다. 결국 그녀는 나이와 언어의 장벽에도 불구하고 학위를 딸 수 있었다.

동료들을 대하는 처세의 기본은 사람을 이해하고 진심으로 돕는 것이다. 진심 없이 기교와 기술에만 치우친 처세는 그 지나친 매끄러움에 오히려 신뢰를 잃을 수 있다. 뜻밖의 성과를 낸 동료를 감탄의 눈빛으로 바라봐 주고, 힘을 실어 주는 한마디로 곤경에 빠진 동료를 회의 시간에 도와주고, 동료의 지난 실적으로만 능력을 평가하지 말고 그가 해낼 수 있는 것에 관심을 갖고 믿어 주는 것이 진정한 처세다.

산악인 엄홍길은 95년부터 마나슬루, 브로드피크, 로체, 가셔브룸1봉, 안나푸르나를 스페인 바스크 팀 대원들과 합동으로 올랐다. 엄홍길 대장이 스페인 산악인들과 원활한 의사소통을 위해 스페인어를 배운 일화는 유명하다.

나는 인턴 시절 주일예배를 지키기가 쉽지 않았다. 나에게는 주일 성수가 매우 중요했지만 병원 입장은 그렇지 않았다. 그래서 응급실의 넘쳐나는 환자들로 동분서주하던 동료를 틈날 때마다 도와주었다. 내 사정을 안 동료는 주일성수를 위해, 주일 근무는 늘 자신이 맡아 주었다.

의료선교를 가기 위해, 밤마다 의국에서 약을 싸는 나를 "약장사 하냐?"라고 구박하던 동료들도 사정을 듣고는 밤새 약을 함께 싸주기도 했다.

"멀리서부터 하나의 모습이 나를 사로잡습니다. 눈을 돌려 봅니다. 무리들 사이로, 하나의 형상이 눈에 띕니다. 좀 더 자세히 살펴보니 당신을 오래전부터 알아 왔다고 느끼게 됩니다. 내 앞에 새로운 지평을 열어 준 당신 때문에 순간마다 놀라고 맙니다. 그 모습은 움직이고, 뻗어 나가고, 깊이 생각하고는 튀어 오릅니다. 새로운 모습들이 이어서 등장합니다. 제각기 다른 형상들이지만, 모두 당신의 모습입니다."

조각가 파올로 디 카푸아가 부인 정완규에게 쓴 편지다. 제각기 형상은 다르지만 모두 하나인 모습은 유독 연인에게서만 발견할 수 있는 것이 아니다. 오랜 세월을 함께하는 모든 사람 안에, 동료 안에 다양하고 놀라운 형상들이 숨어 있다.

낚시를 즐기는 지인이 이런 이야기를 들려주었다. "나는 딸기를 좋아한다. 하지만 딸기를 낚싯밥으로 쓰지는 않는다. 나는 싫어하지만 물고기가 좋아하는 지렁이를 쓴다." 동료들과의 관계 역시 그렇다. 동료의 취향, 취미, 관심, 개인적인 문제를 대략 파악하고 관심을 보여 주어야 한다.

"연극 좋아한다며?" 하고 내미는 티켓 한 장이 관계를 급속도로 가깝게 한다. 솔직하게 삶을 나누고, 삶의 무게를 인정해 주고, 하소연도 받아 주다 보면, 나의 숨겨진 모습을 보여 주게 되고, 동료의 숨겨진 모습도 받아들이게 된다. 경쟁자인 동료가 삶을 나누는 동무가 되는 것이다.

정녕, 서로 통(通)하였느냐?

나는 내가 마음의 주위에
큰 돌담을 쌓아 놓고 있음을 깨달았습니다.
그것은 상처받지 않기 위해 설계한 것이지만
사랑이 들어오는 것도 막았습니다.

— 엘리자베스 퀴블러 로스 《인생수업》 중에서

숲에 들어서면 키가 크고 작고, 잎이 넓고 좁은 다양한 나무들이 적당히 경쟁하면서, 각자의 삶의 공간을 차지하고 살아간다. 하지만 유독 순수 혈통을 고집하며 자신들끼리 모여 사는 나무가 있다. 소나무와 전나무다. 침엽이라는 바늘처럼 가늘고 긴 잎을 촘촘히 가지고 있어, 짙은 그늘을 만든다. 아무리 적은 햇볕으로 살 수 있는 풀이나 나무도, 소나무와 전나무 밑에서는 생존이 어렵다. 더구나 이 나무들은 자신들을 보호하는 화학물질을 분비해서, 다른 식물의 생장을 억제하는 타감작용을 강하게 한다. 다른 식물들은 발도 못 붙이게 하는 것이다.

한국인은 정이 많다. 하지만 안타깝게도 소나무와 전나무처럼 내 가족, 내 친구들에게만 정을 베푸는 경향이 있다. 울타리 바깥에 있는 사람들에게는 상식 이하로 배타적이고 폭력적이기도 하다. 서구에서는 자연스런 공개 입양이 우리나라에서는 이슈가 된다. 다문화 가정의 가족들을 만나면 흘끔거리고 수군댄다. 울타리 허물기는 해도 되고 안 해도 되는 선택 사항이 아니다. 각 시대마다 시대정신이 있다. 일제강점기에는 '독립'이, 유신정권에는 '민주'가, 이 시대에는 '소통과 화합'이 시대정신이다. 이제는 울타리를 허물고 받아들여야 한다.

암 환자 중 "나는 모 대통령이 너무 미워서, 죽도록 미워하다 보니 내가 암에 걸렸다"라고 이야기하는 분이 있었다. 대통령을 직접 만난 적도 없고, 대통령에게 돈을 꿔주고 못받은 것도 아니다. 단지 대통령의 국정 방향이 자신의 철학과는 다르다는 이유로 방송이나 신문에서 얼굴을 볼 때마다 죽도록 미워했다. 그토록 미워한 대통령은 멀쩡한데, 미움을 쏟던 그는 죽을병에 걸렸다.

의로운 분노, 즉 공분이라고 불리는 화가 있다. 남을 해치는 사람을 저지하거나, 사회의 불의를 바로잡기 위해서는 화가 필요하다고 말한다. 그러나 심리학자들이 연구를 거듭한 결과, 공분도 사람으로 하여금 화를 덜 내게 하는 것이 아니라, 더 내게 한다는 사실을 입증했다. 그래서 종교들은 일반적으로 용서를 권하는 것이다. 내가 잘 살기 위해서는 용서가 반드시 필요하다.

2010년 현재, 지구별에는 69억 명이 살아간다. 2050년이 되면 세계 인구는 90억 명이 된다. 인간은 사회적 동물이다. 어떤 식으로든 공동체에 속하게 된다. 세상 돌아가는 것이 내 생각과 다르다고 분노하기보다 이 세상을 긍정적으로 변화시킬 수 있는 방법에 머리를 모으고 꿈을 꾸는 것이 좋다. 지구온난화로 아이들의 미래가 어두워진다면 정책자들에게 돌을 던지기에 앞서, 내 집에서 에너지 사용을 줄일 수 있는 방법들을 고민하고 실천해야 한다. 분노로 울타리를 쌓지 말고 울타리를 허물고 이웃과 적대자들을 받아들여야 미래를 찾을 수 있다. 따뜻한 햇볕만이 두꺼운 갑옷을 벗게 한다.

1987년 레지던트 1년차에 시작하여 22년을 이어온 필리핀 의료봉사는, 그 '햇볕'의 놀라운 힘을 경험하는 시간이다. 필리핀 수도 마닐라에서 비포장 길을 달려 열두 시간을 더 들어가면 라굼이라는 오지가 나온다. 처음 의료봉사를 갔을 때 필리핀 사람들은 희멀건한 한국 의사의 방문을 일회성 이벤트로 알고 신뢰하지 않았다. 그러나 지금은 다르다. 10년 전 첫 통역사였던 필리핀 학생 징키는 의료봉사에 도전을 받고 우리 가정이 6년간 후원한 학비로 의사가 되었다. 이제는 의사인 남편과 함께 라굼 주민들의 의료를 맡고 있다. 해가 갈수록 의료봉사대에 대한 라굼 주민들의 사랑은 커지고 있다. 할 수 있는 것이 이것밖에 없다면서 새벽부터 늦은 밤까지 물을 길어다 항아리를 채워 주시는 할머니, 전 재산과 같은 가축을 잡아 의료봉사자들을 대접하는 농부, 교회를 세울 수 있도록 자신의 앞마당을 기부한 어르신 등 라굼 주민에게 우리는 이제 이방인이 아니다.

한 번은 《기적의 100달러》라는 책을 읽고, 스무 명 남짓한 봉사단원들에게 7만 원씩을 나누어 주면서, 자신이 아닌 다른 사람을 위해 쓰라고 했다. 그리고 각자 그 돈을 어떻게 썼는지 나누자고 제안했다. 노숙자들에게 음식을 나누어 주고, 필리핀 고학생에게 생활비로 주고, 중동에서 온 선교사 자녀에게 겨울옷을 선물하는 등 대부분 자신의 돈을 더 보태서 사랑을 나누었다. 그 사랑은 거기서 끝나지 않았다. 한국에 돌아와서도 노숙자들에게 음식을 몇 개월째 제공하고, 필리핀 고학생을 위해 매달 7만 원씩 적금을 붓는 단원들도 있다. 단원들은 행복을 위해서 물질을 어떻게 써야 하는지, 물질에 지배당하지 않고 물질을 지배하는 방법이 무엇인지 깨달았다.

'오른손이 한 일을 왼손이 모르게 하라'는 예수의 말씀처럼 의료봉사를 시작한 초반에는 외부에 활동이 알려지는 걸 꺼렸다. 하지만 봉사를 통해 내가 누리는 기쁨이 크다는 것을 알고, 다른 이들과 나누고 싶었다. 나눔은 또다른 나눔을 낳았다. 병원에서 치료를 받다 사망한 환자 보호자는 조의금을 의료봉사 후원금으로 내기도 하고, 할머니를 따라 병원에 오던 유치원생은 돼지 저금통을 들고 오기도 했다. 라굼까지 함께할 수 없는 이들은 약을 보내 주기도 한다. 의료봉사를 나가면 매번 약 3~4천 명 정도의 환자를 진료한다. 약값만 수천 만 원이 들어간다. 매년 새로운 손길이 이 큰 금액을 채워 준다. 살맛 나는 세상이다. 처음에는 나 혼자 의료봉사를 나갔지만 이제는 80여 명에 이른다.

MCM 김성주 회장은 쉰을 훌쩍 넘긴 나이다. 하지만 1년의 절반 이상을 해외에서 보내며 하루 24시간 중 15시간 이상을 일한다. 그녀는 회사 이익의 10퍼센트를 사회에 기부하고, 개인 소득의 40퍼센트를 40개의 기관에 기부하고 있다. '봉사하기 위해 성공한다'가 김성주 회장의 삶의 모토다. 전 세계의 여성들이 글로벌 마인드를 가질 수 있도록 여성 교육기관에 투자하고, 무엇보다 북한의 굶주린 동포들을 살리는 것과 평화적인 통일을 이루는 것에 깊은 관심을 갖고 활동하고 있다. 아침이면 온몸이 방망이에 맞은 듯 아프지만, 돈을 벌어 꿈꾸는 사회를 이루어 가겠다는 생각을 하면 일하는 동안에는 아드레날린이 마구 분출된다고 한다.

타인을 진심으로 도우면 몸에 유익한 호르몬과 물질이 분비된다. 이 원리는 치료에도 적용되는데, 이를 '구제요법'이라고 한다. 구제요법은 암 환자에게도 좋다. 무의탁 독거노인을 도우면서, 호르몬 밸런스가 좋아지고 그로 인해 면역력이 증가한 환자가 있다. 현재 그분은 남을 도우며 건강하게 살고 있다.

나눔을 실천할 만한 인품이 못 된다고 우려할 것은 없다. 베풂도 단계를 밟고 점점 자라난다. 처음에는 '시험적인 베풂'을 한다. 나만 손해 보는 것이 아닌가 하고, 불안하고 아까워하면서 주는 단계다. 그러나 시험적인 베풂이 익숙해지면, '형제로서의 베풂'으로 자라난다. 타인의 행복을 바라는 마음으로 기꺼이 내 것을 나누어 준다. 마지막에는 '왕다운 베풂'을 한다. 내가 가진 가장 좋은 것을, 타인에게 그냥 내어 준다. 타인의 안녕이 곧 나의 안녕이고, 남을 섬기는 것이 기쁨이라는 사실이 명확해진다.

"옛날에 롤러블레이드를 산 적이 있었어요. 너무 아까워서 상자 속에 넣어 두었죠. 그런데 신지 못하게 됐어요. 발이 커버렸거든요. 방에서 몇 번밖에 신지 못했는데 말이죠. 마음도 그렇지 않을까요?"

영화 〈나 홀로 집에〉에 나오는 꼬마 케빈이 아무도 찾지 않는 그늘 속에 자신을 가두고 혼자 공원에서 지내는 아줌마에게 한 말이다. 닦아 주지 않으면 녹이 스는 쇠처럼 마음도 그렇다. 사랑은 표현해야 한다. 그 사랑이 녹슬지 않도록 사용해야 한다. 자신의 재능이 케빈의 상자 속 롤러블레이드가 되지 않도록 하려면 세상과 이웃을 향해 그 재능을 펼쳐야 한다. 하나님이 우리에게 주신 선물인 달란트, 즉 그 재능이 꽃을 피울 수 있도록 해야 한다.

오스카 와일드의 《거인의 정원》이라는 동화가 있다. 진귀한 꽃과 나무가 가득한 아름다운 정원을 가꾸던 거인이 여행을 다녀오니 아이들이 정원을 놀이터로 삼고 있었다. 화가 난 거인은 울타리를 높이 쌓아서 아이들이 들어오지 못하게 한다. 높은 울타리에 아이들은 물론 봄도 들어올 수 없었다. 바깥세상은 꽃피는 봄이지만 거인의 정원은 항상 겨울이었다. 그러던 어느 날 울타리 틈을 통해 아이 하나가 거인의 정원에 몰래 들어오고, 봄도 따라 들어온다. 결국 거인은 울타리를 허물고 정원에는 사랑의 꽃이 피어난다.

지금 당장 내 삶의 울타리를 허물기는 쉽지 않다. 하지만 바람이라도 들락이는 작은 틈을 만들어 보자. 내 것을 나누는 연습을 할 수 있도록 말이다. 나눌수록 기쁨은 커진다. 가슴의 정원은 더 풍성해지고 사랑은 더 많이 찾아들고 울타리는 허물어진다. 정녕, 통通 하면 사랑은 자연히 흐른다.

Chapter 5

죽음,
아낌없이 살아야
두렵지 않다

《그리스인 조르바》의 작가 카잔차키스는
'나는 바라는 것이 없다. 나는 두려운 것이 없다.
나는 걸림이 없다'는 묘비명을 남겼다.
경험해 보지 않았다고 두려워할 필요는 없다.
루스벨트 대통령은 '우리가 두려워할 유일한 것은
두려움 그 자체'라고 했다.
그래서 두려움 fear 이란 단어를 '진짜처럼 보이는
가짜 경험' False Experience Appearing Real 이라고 풀어쓰기도 한다.
죽음을 제대로 알아야 한다.
그래야 죽음이 나를 마음대로 휘두르지 못한다.

죽음과 화해하기

눈이 녹으면서 자신을 버리듯이
대지는 내게 자신을 버리는 법을 가르쳐 주네.
마른 평원이 비에 젖듯이
대지는 내게 친절을 기억하는 법을 가르쳐 주네.

— 유트 족의 기도

카네기멜론대학교 종신 교수인 랜디 포시는 2006년 45세에 췌장암으로 시한부 삶을 선고받았다. 그리고 2007년 '당신의 어릴 적 꿈을 진짜로 이루기'라는 제목으로 동료와 제자들 앞에서 마지막 강의를 했다. 인터넷을 통해 전 세계 1천만 명 이상이 이 강의를 지켜보았다. 랜디 포시는 강의 중 "암을 통해 인생에 왜 장애물이란 게 존재하는지를 배웠습니다. 장애물은 우리를 막는 것이 아닙니다. 장애물은 우리가 꾸는 꿈이 얼마나 간절한지 깨닫게 합니다"라고 이야기한다. 랜디 포시는 죽음이라는 장애물을 통해 아이들에게 행복한 기억을 남겨 주고 싶다는 꿈이 간절하다는 것을 알게 된다. 그래서 돌고래가 노니는 바다에서 아들과 함께 수영을 하고, 온 가족이 디즈니랜드로 놀러가고 책을 쓴다.

마지막 강의 말미에는 "사실 이 강의는 여러분을 위한 것이 아니라 오로지 세 사람, 나의 아이들이 자라서 보게 하기 위해서입니다"라고 고백한다. 랜디 포시 교수는 "저는 곧 죽습니다. 하지만 남은 날 동안 신나고 재미있게 살 겁니다"라고 이야기했다. 그리고 그 말처럼 그는 남은 생을 아낌없이 살다가 2008년 여름 만 47세로 생을 마감했다.

시인 릴케는 죽음을 씨앗으로 상징한다. 생명 속에 이미 죽음이 자리하고 있기 때문에 죽음은 삶 속에서 가꾸어져야 할 그 무엇이라고 본 것이다. 과일이 익듯 죽음도 삶 속에서 서서히 익어간다는 뜻이다. 불확실한 삶 속에서 죽음처럼 확실한 진리도 없다. 하지만 랜디 포시 교수처럼 죽음을 의연하게 받아들이고, 당당히 이야기하는 예는 거의 없다. 마치 금기된 화두처럼 죽음에 대한 이야기를 꺼린다. 태어나는 것과 나이 드는 것 그리고 죽음은 물 흐르듯 자연스럽게 이어지는 것이지만 막상 자신에게 죽음이 다가오면 당황한다. 그만큼 죽음은 인간이 피하고 싶은 두려움이고 겪기 싫은 슬픔이다. 그래서 죽음에 대해 침묵으로 일관하거나, 죽음은 다른 사람의 일일 뿐이라고 피해 가거나, 아직 자신의 것은 아니라고 거리를 두거나, 종교에 귀의해 영생을 통해 죽음을 넘어서려 한다.

사람들은 죽음과 대면하는 연습을 하지 않는다. 결혼식장에는 자녀들을 데려가지만 장례식장에는 데려가지 않는다. 집안에서 장례를 치르던 전통 사회에서는, 시간을 두고 죽음을 충분히 슬퍼했다. 아이들도 인생에서 일어날 수 있는 사건으로 죽음을 자연스럽게 받아들였다. 하지만 죽음을 따로 관장하는 장례식장이 생기면서 죽음을 별다른 사건으로 여기는 경향이 더 강해졌다.

죽음이라는 긴장 상황은 삶을 어떻게 살아야 할지에 대해 고민하게 한다. 시인 이정하는 〈늙은 염장이에게 들은 말〉이라는 시에서 '죽을 걸 알고 이렇게들 살어?'라며 평생 죽지 않을 듯 지독하게 욕망을 채우는 인간을 질타한다. 죽음은 부질없는 욕망에서 손 놓게 하는 강력한 각성제다.

죽음의 문턱에 가까이 간 암 환자들은 대부분 삶을 지탱하는 소중한 가치가 무엇인지를 발견한다. 그래서 외국은 랜디 포시 교수처럼 미처 이루지 못한 꿈을 이루거나 죽음을 준비할 수 있도록, 생이 얼마 남지 않음을 환자에게 알리는 것이 일반적이다.

그러나 우리나라는 불과 얼마 전까지도 말기 암 환자에게 병명을 숨겼다. 그래서 유언을 남기지 못하는 경우가 많았다. 최근에는 환자의 상태를 본인에게 알려야 한다는 의견이 대부분이다. 국립암센터에서 암 환자와 가족들을 대상으로 한 연구에 따르면, 환자의 90퍼센트 이상이 자신의 상태를 정확하게 알기를 원하며, 가족들 역시 80퍼센트 정도가 환자에게 그 사실을 알려야 한다고 보는 것으로 조사되었다. 자기 생명과 관련된 일에 당사자를 소외시키는 것은 인권의 문제다. 요즘은 자신의 정확한 상태를 알고 더 적극적으로 치료에 임하는 환자들이 많아지고 있다.

앞에서 소개한 랜디 포시 교수나, 루게릭병으로 죽음을 앞두고 《모리와 함께한 화요일》이라는 책을 통해 어떻게 죽고 어떻게 살아야 하는가를 이야기한 사회학 교수 모리 슈워츠처럼, 자신이 겪고 있는 죽음의 과정을 통해 죽음을 가치 있는 일로 승화시킬 수도 있다. 그러나 많은 시한부 환자들이 죽음을 받아들이는 과정에서, 극도의 두려움과 분노를 표출한다.

의사로서 환자의 임종을 처음 접할 때는 놀랄 정도로 처참한 마지막에 내 숨이 멎을 듯했다. 환자 중에는 호흡이 멎는 그 순간까지 살려 달라고 비명을 지르거나, 가족들을 향해 입에 담기 힘든 저주를 퍼붓는 경우도 있다. 죽음에 대한 두려움이 이성을 마비시키고, 극도의 소외감을 주는 것이다. 이와 같이 받아들이기 힘겨운 죽음과 화해하기 위해서는 신앙이 큰 도움이 된다. 특히 범죄 경험이 있는 암 말기 환자들은 자신이 저지른 일 때문에 죽음을 어느 누구보다 두려워한다.

죽음을 앞두고 신앙을 통해 속죄하는 것은 단순한 상징을 넘어 죽음을 평안히 받아들이는 데 결정적인 도움을 준다. 보완통합의학으로 환자를 돌본 이후로, 나는 환자와 보호자에게 죽음을 편안하게 받아들이는 것도 치료의 한 부분이라고 알려 준다. 삶의 질을 따지는 것처럼 죽음의 질도 짚어 봐야 한다.

최근 품위 있는 죽음에 대해 각종 강의와 연구가 진행되면서, 사람들이 조금씩 죽음에 대한 의견을 자연스럽게 나누게 되었다. 이는 매우 바람직한 현상이다. 어떻게 죽느냐의 문제는 결국 어떻게 사느냐에 달려 있다. 품위 있게 생을 마감하기 위해서는 품위 있게 살아야 한다는 것이 웰다잉Well-Dying의 요지다. 죽음은 우리의 미래다. 잘 살기 위해 미래를 계획하듯 잘 죽기 위한 준비도 해야 한다. 죽을 날을 선택할 수는 없지만 어디에서 누구와 어떻게 생을 마감할 지는 어느 정도 준비할 수 있다.

죽음을
마주하는 기술

그대 영혼의 모습이 독특하고
그대가 이곳에 특별한 운명을 갖고 왔으며,
삶의 겉모습 뒤에는
아름답고, 선하고, 영원한 일이 일어나고 있음을 깨닫게 되기를.

— 존 오도나휴 《영혼의 동반자》중에서

죽음은 삶의 거울이라고 한다. 죽음을 밝게 보는 사람은 삶도 밝게 보게 되며, 죽음을 어둡게 보는 사람은 삶도 어둡게 보게 된다. 죽음을 밝게 보는 연습이 필요하다. 웰다잉의 키포인트는 "잘 죽자"가 아니라 "잘 살자"다. 잘 산 사람만이 잘 죽을 수 있기 때문이다. 인생 전반기보다는 아무래도 후반기가 죽음과 가깝다.

하프타임은 죽음의 질을 높일 수 있는 최적의 준비 기간이다. 조건에 매달리던 삶의 가치를 의미와 사명으로 전환하는 시기다.

품위 있는 죽음을 만나기 위해서는 몇 가지 기술이 필요하다.

첫째, 사람을 대할 때 오늘이 마지막이라는 마음을 갖는다.

'메멘토 모리'memento mori 라는 말이 있다. '죽음을 기억하자'라는 뜻이다. 죽음을 눈앞에 둔 이들이 가장 후회하는 일의 70퍼센트가 인간관계에서의 잘못이다. 잘해 준 것보다 잘 못해 준 일들이 머리에 어른거리고 용서를 구하지 못한 것이 마음에 걸려 편히 떠나지 못한다. 오늘이 마지막이라는 심정으로 관계에 정성을 다하는 연습을 해야 한다. 랜디 포시 교수는 "미안합니다. 내 잘못입니다. 어떻게 고치면 될까요?"의 세 단계가 가장 바람직한 사과라고 이야기한다.

둘째, 유언장을 써본다.

나와 아주 가까웠던 지인이 비행기 사고로 갑자기 세상을 뜬 사건이 있었다. 지인을 잃은 충격도 컸지만 나도 비행기를 자주 이용하는 터라, 나 역시 예외가 아니라는 생각이 들었다. 그래서 유언장을 써보았다. 막상 유언장을 작성해 보니 죽음이 가까이 온 것 같았다. 나를 진실하게 돌아보게 되었다. 자신의 유언장을 앞에 두면 누구나 숙연해지고 모든 관계를 새로운 시선으로 보게 된다. 유언장을 쓰고 나면 새 삶을 선물 받은 듯한 충만함도 덤으로 얻을 수 있다.

유언장은 가능하면 구체적으로 쓰는 것이 좋다. 물질은 살아 있는 자들의 몫이니 재산 분배보다 관계를 정리하는 형태로 쓰는 것이 바람직하다. 내가 못 이룬 꿈이나 이루고 싶은 바람을 쓰는 것도 좋다.

평생 산골 교회 종치기로 살았던, 동화 《강아지 똥》의 작가 권정생은 임종 2년 전에 다음과 같은 유언장을 작성했다.

"내가 쓴 모든 책은 어린이들이 읽는 것이니 여기서 나오는 인세는 어린이에게 돌려주는 것이 마땅하다. 만약에 관리하기 귀찮으면 한겨레신문사에서 하고 있는 남북어린이 어깨동무에 맡기면 된다. 맡겨 놓고 뒤에서 보살피면 될 것이다.

유언장이라는 것은 아주 훌륭한 사람만 쓰는 줄 알았는데, 나 같은 사람도 이렇게 유언을 한다는 것이 쑥스럽다. 언제 죽을지는 모르지만 좀 낭만적으로 죽었으면 좋겠다. 하지만 나도, 전에 우리 집 개가 죽었을 때처럼 헐떡거리다 숨이 꼴깍 넘어가겠지. 눈은 감은 듯 뜬 듯하고 입은 멍청하게 반쯤 벌리고 바보같이 죽을 것이다. 요즘 와서 화를 잘 내는 걸 보니 천사처럼 죽는 것은 글렀다고 본다. 그러니 숨이 지는 대로 화장을 해서 여기저기 뿌려 주기 바란다.

유언장 치고는 형식도 제대로 못 갖추고 횡설수설했지만 이건 나 권정생이 쓴 것이 분명하다. 죽으면 아픈 것도 슬픈 것도 외로운 것도 끝이다. 웃는 것도 화내는 것도 끝이다. 그러니 용감하게 죽겠다."

셋째, 묘비명을 써본다.

묘비명은 나의 인생을 한마디로 함축하는 것이다. 후대 사람들이 나를 어떤 사람으로 기억하기를 바라는지 고민하면, 나머지 인생을 그렇게 살기 위해 노력하게 된다.

나는 하프타임 때, '이병욱 여기 잠들다. 그는 하나님을 참 사랑하는 사람이었다'로 묘비명을 정했다. 그랬더니 묘비명을 본 사람들의 비웃음을 사지 않도록, 하나님을 참 사랑하는 삶이 무엇인지를 늘 고민하게 되었다. 죽음을 눈앞에 둔 철저한 자기반성은, 곧바로 생에 대한 강한 의지로 표출된다.

중국의 사상가 루쉰은 "나는 하나의 종착점을 확실히 알고 있다. 그것은 무덤이다. 이것은 누구나 다 알고 있으며 길잡이가 필요하지 않다. 문제는 그곳까지 가는 '길'에 있다. 물론 길은 한 가지가 아니다"라는 묘비명을 남겼다. 죽음을 명확히 인식한 그는 허위를 거부하는 정신과 사상을 고수하며 살 수 있었다.

넷째, 내 장례식 때 조문객에게 들려줄 인사를 녹음한다.

친한 지인에게 전해 들은 이야기다. 그 친구의 지인이 부친상을 당해 조문을 갔다. 그런데 고인의 목소리가 장례식장에서 흘러나오고 있었다.

"어이, 김 교수! 와줘서 고맙네. 자네한테 말 못했는데 그때 그 일은 참으로 미안했네. 말 안 해도 알 거야. 자네, 많이 섭섭했지?"

이렇게 시작된 고인의 이야기는 절친한 친구들을 포함해 여러 사람들의 이름을 부르며 그들과 있었던 자잘한 에피소드를 소개하며 끝이 났다고 한다. 고인의 음성이 흘러나오는 동안, 영안실은 웃음과 울음이 교체했고, 실컷 웃고 운 조문객들은 편한 마음으로 고인을 보냈다고 한다. 나는 이 이야기를 듣고서 타임캡슐처럼 10년 주기로 가족과 친구들에게 전할 임종 메시지를 녹음하는 것도 좋은 방법이라고 생각했다.

그들을 통해, 나의 죽음을 완성하다

사명을 띤 자로 살아갈 때 우리는,
거기서 우리가 떠났다가 그리로 돌아갈 고향 집이 있음을 알게 된다.
자기가 어떤 메시지를 전하거나 무슨 임무를 수행하려고
멀고 먼 고장에 와있다는, 그것도 아주 잠시 와있다는 사실을 아는 것이다.

— 헨리 나우웬

몽테뉴는 《수상록》에서 "우리는 우리가 죽어 있을 100년 후를 염려하고 아쉬워하는데 그것은 100년 전에 우리가 존재하지 않았다는 것을 염려하는 것과 다를 바가 없다"라고 했다. 그는 근거 없는 염려와 두려움에 떨지 말고 자주 죽음을 생각하고 죽음과 친숙해져야 한다고 말했다.

대문호 빅토르 위고는 1885년 83세의 나이로 생을 마감했다. 당시로서는 꽤 오래 산 나이다. 그래서인지 평소에도 죽음에 대해 자주 언급했다고 한다. 저널리스트인 M.V. 카마스는 위고가 그의 젊은 독자와 나눈 대화를 소개하고 있다.

"이 얼마나 아름다운가! 그대는 이 모든 것을 오랫동안 보겠지? 그러나 나는 곧 이보다 더 장엄한 광경을 보게 될 거야. 나는 늙었고 죽을 테니까. 신을 만나겠지. 신을 만나고 말을 하겠지. 이 얼마나 멋진 일인가! 뭐라고 말을 할까? 나는 가끔씩 그걸 생각한다네. 난 모든 준비가 되었어."

죽어서 신을 만나는 일을 멋지게 기다린다는 대목은, 그가 죽음을 어떻게 생각했는지 단적으로 보여 준다. 또 빅토르 위고는 죽기 3년 전에 이런 말을 남겼다.

"나는 가장 위대한 선물을 기다리고 있습니다. 그것은 위대하며 영원한 선물, 죽음입니다. 나는 경건한 마음으로 기다리고 있습니다."

빅토르 위고는 생의 마지막 순간도 아주 평화로웠다고 한다. 심장질환을 앓다 죽음에 이르던 날 새벽, 빅토르 위고는 손자들을 불러 미소를 지으며 입을 맞췄다. 육신은 고통스러웠겠지만 그는 우아하게 죽음을 맞이했다.

미국 초대 대통령 조지 워싱턴도 이성적으로 생을 마감한 인물이다. 67세 말년, 화농성 편도선에 걸려 고생하던 그는 최측근이던 이에게 중요한 문서들을 정리하는 것을 부탁하며, 이렇게 운을 떼었다고 한다.

"병에 걸린 첫날부터 내가 죽을 것이라는 걸 알았어."

상태가 더욱 악화되자 그는 의사들한테 방에서 나갈 것을 요청했다.

"난 내가 죽는다는 걸 알아요. 나를 위해 수고한 것에 감사하오. 이제 나한테 애쓰지 말고 날 조용히 떠나게 내버려 두시오. 오래 가지는 못할 것이요."

그리스의 철학적 교두보 역할을 한 소크라테스는 젊은이를 타락시켰다는 죄목으로 독배를 언도받았다. 소크라테스는 절망하는 사람들을 오히려 위로하면서 죽음을 받아들였다. 겸허하고 자유로운 영혼을 지녔던 소크라테스에게 삶과 죽음의 경계는 절대적이지 않았다. 그에게 죽음은 비극적이지도 않고 절박하지도 않은, 그저 받아들여야 하는 하나의 사건이었다.

사악한 삶의 길을 가는 사람과 인간의 존엄성을 포기하지 않고 죽음의 길을 가는 사람 중 누가 더 나은 운명의 길을 가는가는 오직 신만이 알 뿐이라고 그는 믿었다. 그는 믿음으로 죽음의 길을 뚜벅뚜벅 걸어갔다.

미국의 시인 롱펠로우는 〈인생찬가〉에서 '아무리 즐거워도 미래를 믿지 말고, 죽은 과거는 죽은 채 묻고, 살아 있는 현재에 활동하라'고 노래했다. 하지만 그는 사실 순탄치 않은 현재를 살아내고 있었다. 젊은 시절, 그의 아내는 오랫동안 앓다가 죽었다. 두 번째 부인도 사고로 화상을 입고 고생하다가 운명했다. 이런 비극적인 두 번의 사별은 인생을 비관적으로 보게 하기에 충분했다. 하지만 롱펠로우는 임종이 가까웠을 때 정원의 늙은 사과나무를 가리키며 이야기했다.

"저 나무는 나의 스승입니다. 몹시 나이 든 나무지만, 아직도 꽃이 피고 열매가 열립니다. 해마다 새 가지가 조금씩 나옵니다. 나도 내 자신이 늙었거나 비참하다고 생각한 적이 한 번도 없습니다. 언제나 새 가지라 여겼고, 꽃 피우고 열매 맺는 것을 당연하게 생각했습니다."

간 이식 외에는 살 방법이 없다고 간암 선고를 받은 52세 주부인 김지선 씨는 국내에서는 간 이식이 어려워 중국까지 갔다가 돌아왔다. 2개월밖에 살 수 없다는 선고를 받았다. 택시 운전을 하던 남편은 회사를 나와서 오로지 아내만을 위해 운전대를 잡았다.

김지선 씨도 쑥스러워 표현하지 못했던 사랑을 마음껏 표현하며 남편과 함께 전국을 다녔다. 건강이 좋아지고, 5년을 덤처럼 더 살았다. 안타깝게도 암이 재발되어 부부가 함께 설악산에 들어가 투병을 했다. 아내에게 점점 운명의 시간에 다가올 때, 모든 사람들이 걱정했다. '이렇게 지극하게 간병을 했는데, 어떻게 아내를 보내려나?'

그러나 자신이 할 수 있는 모든 정성을 쏟고 보여 줄 수 있는 모든 사랑을 보여 준 남편은 담담했다. 여한이 없다고 했다. 아내 덕분에 행복했노라고 고백했다. 그런 남편을 보며 아내는 웃으며 운명할 수 있었다.

감히, 나의 죽음이 어떠하리라 자신할 수 없다. 다만 나의 죽음을 지켜볼 가족과 지인들이, 나의 죽음을 통해 나를 더 사랑하기를 소망한다. 자신들의 죽음을 두려워하지 않고, 더 힘내어 살 수 있었으면 좋겠다.

에필로그
내 안에 부는 바람에 몸을 맡겨라
...

하프타임에 접어들 나이가 되면 누구나 자기 나름의 틀, 선입견이 생긴다. 하프타임은 이런 틀을 깨는 작업이다. 틀은 몸을 딱딱하게 만들고 정신을 획일화시킨다. 내가 모르고 경험하지 못한 일에 대해서, '그럴 수도 있다'는 여유로움이 있어야 넉넉해진다. 그렇게 빈 구석이 생겨야 새로운 가치를 채울 수 있다.

행복도 일종의 틀이다. 하프타임은 행복한 인생 후반기를 위한 시간이다. 그렇지만 반드시 행복이라는 단어에 집착할 필요는 없다. 행복은 상대적이고 모호한 개념이다. 많은 환자들이 암에 걸리고 나서야 자신의 행복을 깨닫고는 한다. 건강할 때는 불행이라 느꼈던 많은 일들, 배우자와 투닥거리고 아이들이 말썽 부리던 그때가, 정말 행복했던 시절이라고 이야기한다. 행복은 이처럼 상대적이다. 그리고 파랑새처럼 늘 우리 곁에 있다.

지금에 비해 과거가 행복했노라 추억한다고 과거의 행복을 새삼 느낄 수 있는 것도 아니다. 지금 내가 가진 것들을 손꼽아 보면 감사하고 행복한 것을 발견할 수 있다. 행복은 마음먹기에 달렸다는 말이 있듯이 행복은 모호하다.

특히 우리나라 사람들의 행복은 상대적인 측면이 강하다. 자신이 행복하다고 생각했는데 어느 날 친구 아들이 명문 대학에 들어갔고, 친구 남편이 밍크코트를 사주었다는 이야기를 들으면, 갑자기 불행해진다.

인생의 목표를 행복이 아닌 성숙에 맞추는 연습을 하는 것이 좋다. 우리는 죽을 때까지 자라야 한다. 몸의 노화도 궁극적으로 자라는 과정의 하나다.

택시를 타면서 기사에게 "요즘 손님이 많은가요?"라고 물어보았다. 기사는 "경기가 좋지 않아 손님도 별로 없고, 그래서 아이들 크는 것이 무섭다"고 한다. 아이들에게 들어갈 돈이 무섭고, 비행을 저지를까 걱정되고, 나중에 자기 밥벌이나 제대로 할지 모르겠단다. 하지만 그런 불확실성도 아이들의 성장을 막지는 못한다. 아이들은 하루가 다르게 쑥쑥 자란다. 우리도 마찬가지다. 과거를 과감히 떨치고 미래에 대해 겁먹지 않는다면, 죽음에 이를 때까지 우리는 매일매일 성장할 수 있다. 성인의 내면 성장도 마찬가지다. 머무느냐, 아니면 박차고 나가느냐가 관건이다. 중년이 되면 내 안에 어떤 바람이 불고 있는지 어렴풋이 알게 된다. 그러나 그 바람을 애써 무시한다. 그 바람에 몸을 실어 보자. 바람에 따라 살기에는 너무 늦었다고 단정하지 말자. 단정하면 성장은 멈춘다. 성장만 멈추는 것이 아니고 세상 사는 맛도 끝내 모르게 된다.

세상살이는 알면 알수록 배울 것도 많고 흥미로운 것도 많다. 인생이 배움의 길이라는 것을 인정한다면 하프타임은 꼭 필요하다.
지금 우리는 인생의 작전 타임을 알리는 휘슬을 불 때가 아닌가?

내일도 내 삶은 눈부시다

1판 1쇄 2010년 8월 20일 발행
1판 11쇄 2020년 1월 20일 발행

지은이 이병욱
펴낸이 김정주
펴낸곳 ㈜대성 Korea.com
등 록 제300-2003-82호 | **등록일** 2003년 5월 6일

주소 서울시 용산구 후암로 57길 57 (동자동) ㈜대성
대표전화 (02) 6959-3140 | **팩스** (02) 6959-3144
홈페이지 www.daesungbook.com | **이메일** daesungbooks@korea.com

ⓒ이병욱, 2010
ISBN 978-89-92758-74-1 (03320)

이 책의 가격은 뒤표지에 있습니다.

Korea.com은 ㈜대성에서 펴내는 종합출판브랜드입니다.
잘못 만들어진 책은 구입하신 곳에서 바꾸어 드립니다.

이 도서의 국립중앙도서관 출판시도서목록(CIP)은 e-CIP
홈페이지(http://www.nl.go.kr/ecip)에서 이용하실 수 있습니다.
(CIP제어번호: CIP2010002592)